BORN
AGAIN
두 번 태어났습니까?

두 번 태어났습니까?

초판1쇄 인쇄 2020년 12월 21일
초판1쇄 발행 2020년 12월 22일

지은이 하명구
발행인 이왕재

펴낸곳 건강과 생명(www.healthlife.co.kr)
주   소 03082 서울시 종로구 대학로7길 7-4 1층
전   화 02-3673-3421~2 팩   스 02-3673-3423
이메일 healthlife@healthlife.co.kr
등   록 제 300-2008-58호

총   판 예영커뮤니케이션
전   화 02-766-7912 팩   스 02-766-8934

정   가 7,000원

ⓒ 하명구 2020
ISBN 978-89-86767-53-7 03230

이 도서의 국립중앙도서관 출판예정도서목록(CIP)은 서지정보유통지원시스템 홈페이지(http://seoji.nl.go.kr)와 국가자료종합
목록 구축시스템(http://kolis-net.nl.go.kr)에서 이용하실 수 있습니다. (CIP제어번호 : CIP2020048722)

사람은 반드시 다시 태어나야 합니다

BORN AGAIN

두 번 태어났습니까?

하명구 지음

❋ 목차

하나님의 사랑을 전합니다

예수님에 대해 관심을 가지고 찾는 사람들에게 소개하고 싶은 책을 찾다가 한국에서 잘 알려진 분의 책을 보게 되었습니다. 많은 자료를 검토하고 오랜 시간 심혈을 기울였으며 내용은 현학적으로 지적인 사람에게는 좋을 수 있겠다는 생각이 들었지만 아쉬움이 있었습니다.

그러면서 생각하게 된 것이 보통 사람들에게도 쉽게 이해할 수 있도록 기독교, 성경, 하나님, 예수님, 천국과 지옥, 교회 등 복음에 대한 관심이 있는 분들이나 신앙 생활을 시작한 분들을 돕기 위한 책을 만들자 라는 생각에까지 미치게 되었습니다. 기도하며 전도하는 대상자, 막 신앙 생활을 시작하신 분들…, 그 누구에게나 분명한 복음(福音)을 소개해야 한다는 강한 부담감 때문에 부족한 필력이지만 이 일을 시작하였습니다.

사람에게 있어 가장 중요한 것은 '생명' 입니다. 바로 그 생명의 본질을 위해 예수님이 오셨고, 가르치셨고, 영원한 생명 얻는 길을 열어 주셨습니다. 예수님께서 거듭해서 '다시 태어나야 한다'고 하신 것은 사람의 생명이 두 번 태어남을 거쳐야 온전한 생명이 될 수 있음을 말씀하신 것입니다.

모든 사람은 어머니를 통해 육체로 한 번 태어난 생명체입니다. 그러므로 거듭난다는 것은 또 다른 태어남을 의미하는 것이고, 바로 그 태어남이 사람 생명의 본질임을 말씀하신 것입니다. 흔히 생명을 생각하면 육체에 머무는 것이 보통입니다. 사람은 육체의 생명을 위해 많은 관심을 가지고 노력을 합니다만, 육체의 생명은 제한이 있어 결국 흙으로 돌아갑니다.

그러나 기독교에서 말하는 생명은 예수님의 말씀처럼 또 한 번 다시 태어나는 생명으로, 이는 영(靈)적으로 태어나는 것을 말합니다. 사람이 동물과 다른 것은 바로 영으로 태어날 수 있다는 사실입니다. 성경에서 말하는 영으로 태어난 생명의 본질은 하나님과 상호 교제하는 관계회복을 말합니다. 하나님의 말씀을 받아들이고, 기도와 찬양을 드리며 이를 통해 하나님을 향해 나의 뜻을 아뢸 수 있다는 자체가 영으로 태어난 생명을 가진 자의 모습입니다. 이 생명은 제한적이지 않고 영원하며, 육체는 일시적으로 죽지만 다시 살아나 천국에서 영원히 사는 생명을 말합니다.

사람은 영적으로 다시 태어나야 합니다. 영적으로 태어난다는 것은 예수 그리스도를 믿기로 결단하고 행동으로 시작하는 것을 말합니다. 그러면 하나님의 보살핌과 사랑을 받게 됩니다. 그로 인해 피부로 느끼는 하나님 현존하심의 경험이 우리로 하여금 더 풍성한 삶을 살아가게 합니다. 필자는 이 책을 통해 영적인 태어남과 그에 대한 이유와 결과를 자세히 설명하였습니다.

철없던 아이도 자라면서 엄마, 아빠의 사랑을 조금씩 깨닫습니다. 성장하고 결혼하여 아이를 낳고 키우면서 깊은 부모님의 사랑을 더욱 진하게 느낍니다. 그러면 감사함을 느끼고, 자세도 달라지고, 더 좋은 관계 속에서 행복해집니다. 하나님께서 구원하시고 생명으로 이끈 사람을 향한 사랑의 깊이도 이와 마찬가지로 처음부터 알기 어렵습니다. 영적 자람도 유아기, 아동기, 청소년기, 육체의 자람처럼 복음에 대한 분명한 이해를 시작으로 익어가는 과일과 같이 시간이 필요합니다.

마찬가지로 이 책도 조급함으로 읽기보다는 충분히 생각해가며 읽으시기를 바랍니다. 읽다가 설명이 필요하면 믿음의 선배에게 묻기도 하면서 말입니다. 영원한 생명을 주시는 하나님의 사랑 안으로 여러분을 초청하길 원합니다.

이십여 년 전 편집한 '구원에 이르는 길'이란 성경공부 교재의 내용과 이해가 필요한 부분을 보충하여 정리하였습니다.

　그리고 곧 앱북(app book)으로도 제작하여 스마트폰으로도 만나 볼 수 있습니다.

　본서를 펴내는 과정에 함께 기뻐하며 도와준 아내와 한 형제님이 계셔 '합력하여 선을 이룬다'는 성경 말씀처럼 되었음에 감사를 드립니다.

제1부 _ 사람을 사랑하시는 하나님

01

성경

　기독교인이 아닌, 하나님을 믿지 않는 사람들은 자신이 성경과는 전혀 상관없이 살고 있다고 믿으며 적극적으로 주장하기도 합니다. 그러나 그 누구도 성경의 영향을 받지 않았다고 할 수 없고 부인할 수도 없습니다. 성경은 기록된 하나님의 말씀으로 그 영향력은 믿는 자나 믿지 않는 자 모두에게 미칩니다.

　사람 사는 세상은 1주일 단위로 돌아갑니다. 세계 어느 나라든, 어떤 종교를 가졌든 한 주가 7일로 돌아가는 생활을 하고 있습니다. 이는 성경에서 왔습니다. 경배의 대상이신 하나님께서는 하늘과 땅을 일주일 7일 동안 창조하셨으며, 또 선택하여 세운 나라 이스라엘에게 7일마다 하나님을 경배하는 날로 지켜 행할 것을 명하셨습니다. 이후 7일 단위로 정해진 1주의 반복은 온 인류의 시간 생활에 자리 잡고 현재까지 이어지고 있습니다.

이뿐 아니라 온 세계가 크리스마스 전날 저녁인 크리스마스이브를 크리스마스 당일 저녁보다 더 귀히 여기고 즐깁니다. 그리고 학교나 단체에서는 축제나 행사를 계획하면서 전야제를 합니다. 당일 저녁은 아예 계획에도 없고, 전날 저녁 시간을 화려하고 거창하게 일을 벌이는 모습을 봅니다. 심지어 불교의 초파일조차도 전날 전야제로 불야성을 이룹니다. 이렇듯 전날 저녁을 더 중요하게 행사하는 것도 성경에서 왔습니다. 성경에 나오는 이스라엘의 하루는 지금의 시간으로 보면 전날 저녁 일몰에서 다음 날 저녁 일몰까지로 밤으로 시작해 낮으로 끝납니다. 성경에서 온 이러한 시간 계산법을 현재의 이브나 전야제에서 보여주고 있는 것입니다. 이외에도 믿지 않는 세상 사람들의 삶 속에는 성경의 영향을 받아 스며든 것이 많이 있습니다.

기독인 신앙의 대상인 하나님은 자신이 누구이고 우주 만물과 사람을 창조한 이유를 성경을 통해 말씀하셨습니다. 성경은 하나님의 말씀으로 하나님께서 사람을 통해 기록하게 하셨습니다. 그래서 성경을 기록한 사람을 저자라 하지 않고 하나님께로부터 받아 기록하였기에 기자(記者)라 부릅니다.

성경(聖經)은 '거룩한 책'이라는 의미입니다. 하나님께서 거룩하시기에 사람도 거룩하기를 원하셔서 그 목적으로 주신 책입니다. 지구 종말 후 마지막에 이룰 천국도 거룩한 도성(都城)으로 세우십니다.

성경은 크게 구(舊) 유언과 신(新) 유언 두 부분으로 나누어져 있습니다. 한글 성경은 구약(옛 약속)과 신약(새 약속)으로 말하지만 영어 성경은 'Testament', 우리말로 '유언(遺言)'이라 합니다. 이는 아주 중요한 사실을 말하고 있습니다. 유언이란 죽어야 효력이 발생하기에 사람의 생명을 구원하기 위해서는 반드시 예수 그리스도의 십자가 죽음이 있어야 함을 말씀하는 것입니다.

구 유언(구약)은 예수님이 오시기 전에 기록된 것으로 39권, 신 유언(신약)은 예수님 오신 후에 기록된 것으로 27권이며 전체 66권을 하나로 묶어 사용하고 있습니다.

성경의 기록과 보존을 살펴보면 하나님의 책임을 부인할 수 없습니다. 성경의 처음 책 창세기부터 마지막 요한계시록까지 66권의 책은 40여 명의 기자와 약 1,600년에 걸쳐 히브리어와 아람어, 헬라어 3개의 언어로 기록되어 있습니다. 그럼에도 불구하고 놀랍게 '하나님이 사람을 사랑하신다.'는 주제로 통일성이 있습니다. 예를 들어, 박사들이 같은 언어로 같은 장소에서 각자 글을 쓴 후 모았을 때 과연 그 글의 앞뒤가 맞으며 통일성 있는 한 권의 책으로 나올 수 있겠습니까?

설령 한 가지 주제라 할지라도 통일성 있는 책이 될 것이라고는 누구도 동의하지 않을 것입니다. 그러나 성경의 기자들은 왕, 목자, 대언자, 농부, 어부, 의사, 세리, 학자 등등 각양각층의 사람들인데다가, 성경을 기록한 시대적 배경, 언어, 경제, 사회는 물론 기록자 개인 생활 형편도 다를 뿐 아니라 서로 큰 차이가 있음에도 처음부터 끝까지 한 명의 기록자가 쓴 것처럼 통일성을 잃지 않고 있기에 하나님께서 쓰신 책으로 받들고 있습니다.

또 성경의 보존과 전달은 신비롭고 경이롭습니다. 지금처럼 책을 쉽게 편집하여 만드는 시대가 아니라 양가죽이나 갈대를 잘라 가로 세로로 겹겹이 꿰어 종이처럼 만들어 쉽게 부서지는 파피루스 위에 잉크로 기록했습니다. 1,600여 년 동안 쓰이면서 한 권도 빠짐없이 후대에 전달되었습니다. 성경은 확립된 이후로 세상의 어떤 책보다 수난을 가장 많이 당한 책입니다. 로마 황제로부터 공산당에 이르기까지 많은 사람들이 불태우고 말살하려 하였으나 실패하였습니다. 그리고 수많은 철학자, 사상가들이 오류가 있다고 지금까지 비판하고 있지만 현재까지도 건재함은 물론, 가장 오랫동안 가장 많이 팔리는 초대형 베스트셀러로 지금도 가장 많은 사람들이 애독하는 책입니다.

성경은 일어날 일에 대해 이미 수백 년 전에 예언한 내용이 약 300번이 넘는데, 단지 50번만 이루어진다 해도 그 확률은 로또 1등에 여러 번 당첨될 확률보다 훨씬 더 적습니다. 성경에서 예언된 것은 예수님께서 하늘에서 지상으로 다시 오시는 재림과 지구 종말을 제외하고는 모든 말씀이 예외 없이 성취되었습니다. 이 사실은 하나님께서 인류 역사에 대한 계획과 그 계획을 이루어가심을 분명히 보여주는 것입니다.

하나님께서 천지를 창조하시고 인류가 시작되게 하셨습니다. 그러나 사람은 곧 범죄(犯罪)로 타락하였고 이로 인해 하나님께서는 궁창 위의 물을 쏟아부어 지구의 온 땅을 덮어 심판하셨습니다. 이를 노아의 홍수[1]라 말합니다. 노아 홍수 이후에도 하나님께서는 바벨탑을 쌓아

---

1) 모든 사람이 악화 일로로 치달을 때 노아라는 사람만이 하나님께서 인정한 의인(義人)이었습니다. 그래서 하나님께서 큰 배를 만들어 노아와 그의 가족 8명, 그리고 암수 한 쌍씩 태운 동물을 제외한 모든 호흡하는 사람과 동물을 물로 멸망시키셨습니다. 하늘에서는 밤낮으로 40일 동안 비가 쏟아지고 땅에서는 깊은 샘물이 터져 온 땅이 물로 덮인 사건을 노아의 홍수라 부릅니다.

자신을 대적하는 인간들을 다양한 언어로 갈라 흩어버리셨습니다. 그럼에도 불구하고 사람에 대한 사랑을 포기하지 않으시고 사람에게 소망과 생명을 주고자 이스라엘의 조상인 아브라함이라는 한 사람을 부르셨습니다. (B.C 1920년경) 그리고 아브라함의 가족은 아들 이삭, 그리고 손자 야곱으로 이어지면서 야곱과 그의 12명의 아들들이 극심한 흉년으로 이집트(한글 성경은 애굽)로 피신하여 12족장을 이룹니다. 400년이 지나면서 이스라엘 사람 수가 많아지자 위협이 된다고 느낀 이집트는 이스라엘 사람들을 노예로 부렸고, 노역에 지친 이스라엘은 모세의 지휘 아래 이집트를 탈출하여 가나안 땅, 지금의 이스라엘 지역에 한 나라를 세웠습니다. (B.C 1450년경)

초기에는 왕이 없이 시대마다 재판관(한글 성경은 사사)이라는 지도자가 세워졌으나 후에 왕을 세워달라는 백성들의 요구에 하나님께서 첫째 왕 사울을 허락하셨습니다. 그러나 사울의 범죄로 폐위하시고, 둘째 왕으로 다윗을 세우십니다. (B.C 1055년경)

다윗의 아들 솔로몬으로 이어진 왕국은 다음 대에 가서 남쪽 유대(유다) 왕국과 북쪽 이스라엘 왕국으로 갈라져서, 이스라엘은 B.C 721년 앗시리아 제국에, 유대는 B.C 586년 바벨론 제국에 의해 멸망합니다. 바벨론으로 잡혀간 포로들은 70년이 지나 이스라엘로 돌아오면서 자신들의 구심점으로 여겼던 예루살렘 성전을 다시 건축합니다.

대언자(代言者)들을 통해 하나님께로부터 완전하고 영원한 왕국을 세우신다는 위로의 약속을 받고 그 약속을 기다리면서 구 유언의 기록이 끝납니다. (B.C 400년경)

신 유언은 예수 그리스도의 탄생으로 시작되어 예수님의 가르치심과 십자가의 죽음과 부활, 그리고 하늘로 올라가심이 기록되어 있습니다. 예수님의 승천 후 제자들 중심으로 예루살렘으로부터 이스라엘 지역과 그리고 당시 최강의 로마가 지배한 지금의 중동, 터키, 그리스, 이탈리아 지중해를 둘러싼 지역으로 기독교가 전파되고, 지구 종말과 영원으로 이어지는 천국과 지옥의 세계를 요한이 받아 기록하면서 신 유언은 마칩니다.

성경은 사람에게 영원한 생명의 길을 알려주기 위한 책이지만 기록된 내용에서 언급하고 있는 여러 부분들(고고학, 화석학 같은 과학적 사실들)을 보면 놀라움을 금치 못합니다. 공기에 무게가 있다는 사실은 1647년 토리첼리가 발견했습니다. 하지만 성경은 이미 수천 년 전에 언급하고 있고, 지구의 공전과 물의 대기 순환이 밝혀진 것도 몇 백 년이 안 되었지만 성경은 약 3,500년 전에 기록하고 있습니다.

성경의 헷 족속에 대하여 역사가들은 거짓 기록이라 하였으나 고고학자들은 아주 넓은 헷 족속 제국을 발견하였고, 바벨론의 마지막 왕 벨사살의 성경 기록을 비평가들은 비웃었지만 페르시아 왕 사이러스의 원통형 질그릇이 발견되면서 그 사실이 증명되었습니다.

진화론자들의 무기가 된 화석은 더 이상 주장의 기반이 안 됩니다. 오히려 화석학의 발생은 성경에서 말하는 노아의 홍수가 사실임을 잘 뒷받침합니다. 화석과 함께 석탄, 석유, 퇴적암 등은 성경에 기록된 노아의 홍수와 같은 땅의 대변혁이 아니면 일어날 수 없음을 과학자들은 증언합니다.

무엇보다도 성경이 하나님의 말씀임을 가장 잘 보여주는 것을 찾는다면 세계 지도를 펴 놓고 보면 알 수 있습니다. 즉, 기독교 문화권에 사는 개인이나 국가에 일어난 놀라운 변화를 보면 알 수 있습니다. 세계 지도를 보면 기독교를 인정한 나라들은 발전하였습니다. 하나님의 말씀인 성경을 통해 개인이 정직하고 성실하게 변화되면서 사회가 변화되었습니다. 사회가 변화되면서 선진국이 된 유럽과 북미 나라들을 보십시오. 문제는 부유한 세대로 태어난 후세들이 하나님을 멀리하면서 부패하고 타락한 인간의 본성을 따라 향락과 물질 만능주의를 향해 멈추지 않는 폭주기관차가 되어버린 것입니다.

기독교를 인정하고 또 반대하는 그래서 극적으로 대비되는 모습을 대한민국에서 볼 수 있습니다. 일제 치하에서 해방되었을 때 남한은 북한보다 경제가 열악했으며 세계 최빈국이었습니다. 온 나라가 잿더미가 된 6·25 전쟁을 치렀으나 70년 만에 세계 12대 경제 대국에 올라섰고, 북한은 세계에서 끝자리를 벗어나지 못하는 후진국이 되었습니다.

북한의 중심 도시 평양은 동방의 예루살렘이라는 칭호를 들을 정도로 8·15 해방 전 한국의 기독교가 뿌리 내릴 만큼 대부흥이 일어났던 곳입니다. 그러나 공산당은 기독교를 비롯한 모든 종교를 철저히 말살시켰습니다. 그렇지만 남한은 놀랍게도 정부 수립을 선포하기 위해 모인 초대 제헌국회에 앞서 먼저 하나님께 기도부터 드렸고, 종교의 자유 속에서 기독교가 크게 성장하였습니다. 그리고 기도로 시작한 대한민국은 세계에서 미국에 이어 가장 많은 선교사를 파송하는 나라가 되었습니다.

02

하나님

'하나님!' 하고 기독교인들이 부르는 분은 성경을 통해 알 수 있습니다. 하나님께서 당신이 누구인지 성경에 밝혀 놓으셨고, 우리는 하나님이 알려주신 것만큼 알 수 있으며, 그것으로 하나님을 경배하고 섬길 분에 대한 충분한 답을 얻을 수 있습니다.

어떤 이는 하나님을 모두 이해하지 않고 어떻게 믿을 수 있느냐며 거부하는데, 사람은 한계가 있는 존재이기에 온전하신 하나님을 완전하게 알 수 없습니다. 천재의 천재라 할지라도 그분에 대한 모든 것을 알 수 없습니다. 마치 집에서 기르는 강아지가 주인의 이름은 물론 주인에 대한 모든 것을 이해할 수도 없고, 알 만한 지적 수준도 안 되는 것과 마찬가지입니다. 그렇지만 강아지도 자기를 사랑해주는 주인을 알아보고 따를만한 충분한 지능은 있습니다. 강아지가 자기 주인의 사랑을 느끼고 따를 수 있음과 같이 사람도 부족하나 하나님의 사랑을 느끼고 그분을 경배할 수 있습니다.

하나님께서 성경을 통해 보여준 만큼 우리는 하나님을 알 수 있습니다. 그 알려주신 내용으로 온 우주 만물과 사람의 창조자이자 지극히 사람을 사랑하는 분으로, 영광과 찬양으로 경배 받으실 절대자로 받들기에 부족함이 없습니다.

하나님은 여러 신 중에 한 분이 아니라 유일무이(唯一無二)한 분이십니다. 그 하나님께 있어 가장 중요한 관심이자 목적은 거룩함입니다. 하나님은 거룩하시기에 사람을 궁극적으로 거룩한 사람으로 만들고, 거룩한 사람들과 거룩한 하나님의 왕국을 이루는 것입니다. 거룩하신 하나님이 친히 말씀하시기를 "내가 거룩하니 너희도 거룩하라." 명하셨습니다. 하나님은 당신이 정한 기준의 옳고 그름에 따라 올바른 자를 의인(義人)이라 하시고, 의인에게는 사랑의 하나님으로, 죄 있는 자에게는 벌하는 공의(公義)²⁾의 하나님으로 나타나십니다.

하나님은 시작과 끝이 없이 영원부터 영원까지 스스로 계신 분으로서, 모든 것을 아시고 모든 것을 하실 능력이 있는 전지전능(全知全能)하신 분이며 무소부재(無所不在) 하십니다. 무소부재란 지구의 땅속 중심부터 우주의 끝까지 '어느 곳에나 하나님이 계신다'는 뜻으로 바꾸어 말하면 하나님의 임재와 권능이 미치지 못할 곳이 없다는 것입니다.

---

2) 인간의 잘잘못에 따라 공정한 심판과 그에 대한 상벌을 분명히 가려 집행하심을 말합니다.

사람은 육체와 혼(魂)과 영(靈)으로 지어졌지만 하나님은 영(靈)이십니다. 사람은 영이신 하나님을 볼 수 없고, 사람이 하나님을 어떠한 그림이나 형상으로 표현하는 것을 하나님께서는 허락하지 않으십니다. 그래서 기독교는 다른 종교와는 달리 하나님에 대한 형상이나 어떠한 시각적 표시나 모형이 없습니다.

예수 그리스도는 하나님을 아버지라 부르셨고, 예수님을 믿어 영적으로 다시 태어난 기독교인들에게도 아버지가 되어 주십니다. 그래서 하나님을 아버지로 부르는 기독교인의 남자는 아들로, 여자는 딸로 하나님께서 '낳으셨다.' 합니다.

하나님의 이름은 야훼(한글 성경은 여호와)입니다. 그러나 꼭 필요한 경우가 아니면 부르는 것을 삼가는 게 좋겠습니다. 우리가 육신의 아버지 이름을 쉽게 부르지 않는 것이 당연한 도리이듯 영적 아버지이신 하나님의 이름을 쉽게 입에 올리는 것은 경솔하다 할 수 있습니다. 하나님께서 선택한 이스라엘 사람들은 성경을 읽으면서 하나님의 이름이 나와도 두려워서 읽지 않습니다. 영어성경은 하나님의 이름을 'LORD(주님)'로 고쳐 번역하여 하나님 이름에 대한 경외심을 보여주고 있습니다.

03

천지 창조

기독교는 여타 종교와 달리 온 우주 만물의 근원을 명확히 밝혀놓 았습니다. 기독교인은 경배의 대상인 '하나님께서 세상을 말씀으로 창조하셨다.'고 받아들입니다.

흙과 물이 질서 없이 어둠 가운데 있을 때, 하나님께서 첫째 날 "빛이 있으라." 말씀으로 명하시자 빛이 만들어졌습니다. 여기서 빛은 태양을 가리키는 것이 아니라 지금도 과학자들이 현상은 말할 수 있으나 정의를 못 내리는 빛 그 자체입니다.[3]

---

3) 아인슈타인은 빛이 물리적으로 존재하나 어둠은 물리적 존재가 아니라 빛의 부재 현상이라 하였고, 물리학 자들이 이에 동의하고 있습니다.

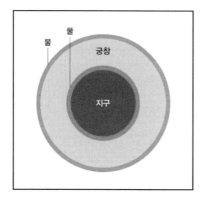

둘째 날, 궁창 위의 물과 궁창 아래의 물로 나누십니다. 궁창은 지구의 대기권을 말합니다. 노아 홍수가 있기 전 하늘[4]에는 비닐하우스처럼 대기권을 둘러싼 물층이 있어 지구에 온실효과가 있었다고 학자들은 말합니다.

셋째 날, 물이 모여 바다를 이루게 하고, 육지를 드러내게 하여 풀을 비롯해 온갖 씨와 열매 맺는 식물을 만드셨습니다.

넷째 날, 낮과 밤의 교대와 계절과 해(年)가 계속되도록 해와 달과 별을 만드셨습니다.

다섯째 날, 물로 생물의 번성을 명하시고, 공중을 날아다니는 새와 물속에 사는 물고기를 창조하셨습니다.

여섯째 날, 땅 위의 움직이는 모든 동물을 말씀으로 만드셨고, 하나님의 형상에 따라 사람을 만드셨습니다.

이렇게 육 일 동안 천지만물과 사람을 창조하시고 일곱째 날에는 쉼을 가지셨습니다.

하나님께서 천지를 창조하신 목적은 하나님의 영광을 선포하고, 만물을 통해 하나님의 영원하신 권능과 신성을 분명히 보여 사람으로

---

4) 이스라엘 사람들에게 있어 하늘은 3층으로 생각했습니다. 첫째 하늘은 새가 날아다니는 대기권, 둘째 하늘은 해와 달, 별이 있는 우주, 셋째 하늘은 하나님이 계시는 곳으로 천국입니다.

알게 하고 믿게 하기 위함입니다. 광활한 우주의 세계부터 눈에 보이지 않는 미세한 미생물에 이르기까지 살피며 연구하다 보면, 그 오묘함과 정확성, 일정함에 놀라게 되고, 이 모든 게 우연히 생겼다는 진화론이 얼마나 초라해지는지 알 수 있습니다.

한 번 생각해봅시다. 시계를 분해하여 상자에 집어넣고 얼마나 기다리면 조립이 되어 시간을 보여 주겠습니까? 아니 그럴 수도 없겠지만 흔들어 줍시다. 1년, 2년, 아니 수천, 수만 년을 흔든다고 조립되어 시간을 보여주겠습니까? 오래 흔든다고 조립되어 시계의 역할이 가능하다고 믿을 사람은 진화론자들 밖에 없을 것입니다. 필요에 따라 만들어진 꼭 맞는 부품이 같은 장소에 모여 있어도 불가능한 일인데 하물며 더 복잡하고, 더 다양한 재료가 필요한 생명체가 어떻게 많은 시간이 흐른다 해서 저절로 살아있는 생명체로 탄생한다고 믿겠습니까?

04

사람 창조

하나님께서 모든 만물을 말씀의 명령으로 만드셨지만, 사람은 도예가가 그릇을 만드는 것처럼 친히 흙으로 빚어 코에 직접 숨을 불어 넣어 만드셨습니다. 만든 사람을 '아담'이라고 이름 지어 주셨는데, 그 뜻은 '사람'입니다. 그리고 아담을 에덴동산에 살게 하셨습니다. 하나님께서는 아담 홀로 거하는 것이 보기 좋지 않아 아담을 깊이 잠들게 한 후, 그의 갈비뼈 하나를 취하여 함께 살아가도록 돕는 배필로 여자를 만드셨습니다. 아담은 하나님께서 이끌어 온 이브를 볼 때 '내 뼈 중에 뼈요, 살 중에 살이로다.'라는 고백과 함께 '남자에게서 취했으니 여자라 하리라.' 하며 기뻐하였습니다.

사람의 창조에서 중요한 것은 하나님께서 사람을 그분의 형상에 따라 만드셨다는 것입니다. 여기서 말하는 형상이란 외형적인 모습이 아니라 하나님이 가지고 계신 성품 중 일부인 인격을 말합니다. 그 인격은 '지, 정, 의'로 스스로 결정하고 행동으로 옮길 수 있는 자유의지를 가진 존재를 말합니다. 모든 피조물 가운데 인간만이 유일하게 하나님의 형상을 따라 지음 받았기 때문에 독립의지를 갖고 자기 결정에 따른 자유행동을 할 수 있고, 그에 따른 책임을 집니다.

사람의 구성은 영, 혼, 육으로 되어 있다고 앞에서 말했습니다. 살과 뼈와 피로 구성된 '육체'와 지식과 정신의 영역인 '혼'과 하나님과 천사, 마귀의 영적 세계를 이해하고 소통하는 '영'이 있습니다. 성경은 영과 혼에 대해 분명히 분리하여 말하고 있습니다. 그래서 참고로 이해할 점은 한글 성경이나 찬송가에서 말하는 '영혼'이란 단어가 영과 혼에 대해 분리하지 않고 혼용하는 한국인의 인식에 따라 번역되고 사용되어 혼란을 주기도 한다는 것입니다.

다른 창조물과 달리 사람은 영이 있어 하나님과 마귀에 대해 부인하지 못합니다. 물론 무신론자들이 세상 사람들의 분위기에 따라 애써 외면한다 하여도, 개인적으로 약함을 느낀다든지 죽음을 앞두면 막연하게나마 죽음 이후와 영적인 세계에 대하여 생각하게 됩니다. 이것은 하나님께서 영을 가진 존재로 인간을 창조하셨기 때문입니다. 세상에 태어나 부모를 모르고 자랐다 할지라도 자연스럽게 자신의 뿌리인 부모를 떠올리고 찾으려는 본능처럼 사람이라면 창조자와 사람의 근원에 대한 생각을 할 수 있도록 만드셨습니다.

그리고 동물과 달리 사람은 죽음에 대한 예견을 할 수 있게 만드셨습니다. 이는 죽음 이후의 세계에 대한 고민으로 영원히 죽지 않는 삶을 동경하여 하나님을 찾고, 생명을 얻을 수 있도록 하기 위한 하나님의 배려입니다.

하나님께서 사람을 만드신 목적도 그분의 영광을 취하기 위함입니다. 하나님은 조물주로서 하나님을 믿든지 아니 믿든지 세상에 태어난 사람 누구에게서나 그 목적을 취하십니다. 믿는 자가 하나님의 사랑을 찬양하면 사랑의 하나님으로 영광을 받으십니다. 그리고 하나님은 믿지 않는 불신자에게 하나님을 섬기지 않는 죄에 대하여 분명한 지옥 형벌을 집행하는 공의(公義)의 하나님임을 보여줌으로써 영광을 취하십니다.

온 우주 만물이나 사람을 만드신 목적은 하나님의 영광을 위함과 다르지 않습니다. 차이가 있다면 온 우주 만물은 존재 자체로 하나님의 영광을 자동으로 선포하게 하셨습니다. 광활한 우주의 운행을 살피며 연구하는 많은 천문학자, 생명을 다루는 의사나 생물학자들의 공통된 고백은 우주나 생명이 절대자 없이는 이처럼 질서정연할 수 없는, 신비 그 자체라 말합니다. 우주 만물과 달리 사람은 자유의 주체자로서 하나님의 사랑과 위대하심을 깨닫고 찬양으로 고백하며 주께 영광 돌리기를 바라십니다.

05

사람의 복과 멸망

하나님은 사람을 통해 영광 받으시고, 영광 돌리는 사람을 위해 그를 가장 좋은 환경에 두시고, 영원토록 행복하게 살도록 하셨습니다. 단순히 말로 창조한 다른 피조물과 달리 손수 흙으로 빚어 만든 첫 사람 아담과 이브에게 에덴이란 동산을 거처로 주셨습니다.

슬픔이나 질병도 없고, 의식주를 해결하기 위해 일하지 않아도 되는 곳입니다. 그리고 하나님께서는 아담에게 영원히 죽지 않는 생명을 주셨으며 동산 안의 모든 것을 맘껏 즐기라 허락하셨습니다.

하나님께서는 아담을 사람이 누릴 수 있는 최적의 환경에 두시면서 한 가지 반드시 지킬 것을 명령하셨습니다. 에덴의 모든 것을 마음대로 먹을 수 있으나 중앙에 생명나무와 함께 서 있는 선(善)과 악(惡)을 알게 하는 나무의 열매는 먹지 말라 하셨습니다. 그 나무의 열매를 "먹는 날에는 반드시 죽으리라." 말씀하셨습니다.

기독교를 공격하는 사람들 가운데 선악을 알게 하는 열매를 처음부터 만들지 않았다면 '인간의 파멸을 막을 수 있지 않았을까?' 하며 하나님께 죄의 책임을 전가하려는 말을 서슴지 않는데, 이는 참으로 어리석은 말입니다.

하나님께서는 만물과는 다르게 사람에게는 인격을 주어 자유의지를 주신 증명으로 선악의 열매를 두셨던 것입니다. 만일 금지한 선악의 열매가 없었다면 사람에게 독립적인 자유의지는 의미가 없어집니다. 온 우주 만물이 로봇처럼 자동으로 하나님의 영광을 선포하는 의미 없는 존재가 됩니다. 선악과의 열매는 인간을 시험하기 위한 것이 아니라 자유로운 존재로 부여한 하나님의 형상에 대한 당당함을 보이기 위한 것입니다.

이는 마치 아이가 키와 지혜가 자라서 청소년을 지나 성인이 되면 사회가 그를 더 이상 어린아이로 취급하지 않는 것과 같습니다. 한 인격으로서 자격을 부여하여 자신의 책임을 감당하며, 사회의 일원으로서 부모의 의존에서 벗어나 당당히 살아가게 하는 것과 같다고 볼 수 있습니다. 성인이란 타이틀을 부여함으로 그에 걸맞게 책임 있는 삶을 살도록 격려하고 권하는 것처럼, 선악을 알게 하는 나무의 열매는 인간이 만물과 구별된 존재로 자유의지를 가진 주체자임을 확인시키기 위해 두셨던 것입니다.

그러나 아담은 하나님께서 금하신 명령을 지키지 못하고 맙니다. 마귀의 화신인 뱀은 이브를 꾀어 '선악의 열매를 먹으면 눈이 밝아져 신(神)처럼 된다.'[5] 하였습니다. 이브가 보니 먹음직도 하고 보기도 좋아 지혜롭게 할 만큼 탐스러워 보이므로 따먹고, 남편인 아담에게도 주어 먹게 합니다.

아담이 하나님의 명령을 거역하여 선악의 열매를 따먹은 것은 하나님과의 교제에 대한 단절을 선언한 것이 되었습니다. 그러므로 하나님께서는 당신과의 관계를 저버린 사람을 하나님의 보호 영역이었던 에덴에서 쫓아내셨고, 생명수 나무의 나는 것을 먹고 죄인의 상태에서 영원히 사는 것을 막고자 천사들과 불타는 칼을 두어 막으셨습니다.

하나님의 명령에 불순종한 결과로 사람은 죽음에 이르게 됩니다. 성경은 혼과 육의 분리를 죽음으로 말하고 있습니다.

육체적인 죽음을 첫째 사망이라 하고, 지구의 종말 후에 있을 지옥의 형벌을 둘째 사망이라 합니다. 보다 근본적인 죽음이라 하면 사람이 하나님과 소통하지 않고 분리된 상태를 말합니다.

아담은 인류의 대표였기에 그의 죄가 후손에게도 전가되어 아담 이후로 태어난 모든 사람은 사망을 피할 수 없게 되었습니다. 이는 고대에 노예의 자식으로 태어나면 노예 신분을 벗을 수 없는 것과 같다고 보면 되겠습니다.

아담의 범죄로 모든 사람에게 사망이 임했습니다. 육체를 가지고 태어난 사람은 하나님과의 교제가 끊어져 하나님을 모릅니다. 하나님을 모른다는 것 자체가 인간이 용서받지 못할 죄입니다. 그 죄를 용서

---

5) 한글 성경에서는 '하나님'으로 되어 있으나 가장 권위 있는 성경 킹제임스에서는 '신(神)'으로 되어 있습니다.

받는 것은 끊어진 하나님과의 관계가 회복되어 교제하는 것입니다. 이에 대한 이해를 돕기 위해 이렇게 설명할 수 있습니다.

아들이 죄를 지어 세상 모든 사람들이 용서할 수 없다고 하더라도, 설사 살인을 저질렀어도 아버지는 아들을 용서할 수 있습니다. 그러나 아버지에게는 다른 모든 것은 용서할 수 있어도 한 가지 용서 못하는 것이 있습니다. 그것은 아들이 아버지를 향해 '당신은 내 아버지가 아닙니다.' 라 할 때입니다.

사람의 근본이 하나님의 창조로 시작되었습니다. 인간의 근원이 되시는 하나님을 모르거나 부인하는 것은 아들이 아버지를 향해, '당신은 내 아버지가 아닙니다.' 라고 하는 것처럼 용서받을 수 없는 범죄입니다.

범죄로 인해 하나님과의 교제가 끊어진 인간은 멸망에 처하고, 사람에게 일어나는 질병, 고통, 슬픔, 재난 같은 악한 모든 문제가 시작되었습니다. 하나님께 불순종함으로 죄를 지은 여자에게는 해산의 고통이, 남자에게는 평생 일 해야 먹고 살 수 있는 수고가 시작되었습니다. 삶의 터전은 가시덤불과 엉겅퀴로 파괴되었고, 결국에는 사망 후 지옥 불 속에서 영원히 고통받는 형벌을 피할 수 없게 되었습니다.

아담의 죄로 인한 부패는 아담 후에 태어난 모든 사람에게 전가되어 선(善)보다 죄에 대한 적극적인 성향으로 본질이 부패되었고, 부패한 행동으로 악을 낳고 타락하여 하나님의 심판을 피할 수 없는 존재가 되었습니다. 하나님은 사람들의 죄악을 보시고 사람 지음을 한탄하셨고 물로 세상을 덮어 심판하셨습니다. 이것이 노아의 홍수입니다. 그리고 동성애를 의미하는 영어 단어 'sodomy'는 인간 본성을 떠나 동성애로 타락한 '소돔과 고모라'라는 도시 이름에서 유래했습니다. 그 소돔과 고모라를 하나님께서 하늘로부터 유황과 불을 내려 멸망시켰습니다. 바로 죄에 대한 심판으로 멸망이 있다는 사실을 보여줌과 동시에 지구의 종말에도 죄에 따른 지옥 형벌이 있다는 사실을 하나님께서 사람들에게 경고하고 계신 것입니다. 그러나 하나님은 모든 사람들이 죄에서 돌이키기를 바라시고, 천국에서 살아갈 수 있는 복(福) 또한 열어 놓고 계십니다.

06

천사와 마귀

하나님은 천사도 창조하셨습니다. 천사는 물질적 형체로 만드신 것이 아니라 영적 존재로 만드셨습니다. 천사는 하나님께서 부리는 영적 존재로, 사람에게 하나님의 뜻을 전하고 사람을 섬깁니다. 흔히 '천사' 하면 그림으로 그려진 날개 달린 사람이나 날개 달린 아이들 모습을 생각하기 쉬운데, 성경에서의 천사는 날개가 달리지 않았으며, 사람에게 와서 하나님의 뜻을 전할 때 성인 남자 모습으로 나타났습니다.

창조한 천사들 가운데 가장 아름답고 영광스럽게 만든 천사가 있었는데 그 이름은 루시퍼(Lucifer)였습니다. 그는 빛을 전하고, 천사들을 지도하며, 하나님의 왕좌를 지키는 자로 만들어졌지만 스스로 교만해져 자신의 영화로움과 지혜, 아름다움을 내세워 하나님의 왕좌에 앉고자 하였습니다.

그리하여 하나님은 루시퍼를 쫓아내셨고, 하늘로부터 땅으로 쫓겨난 그는 마귀가 되어 자신을 추종하던 천사들과 함께 세상에 사탄의 왕국을 세워 왕이 되었습니다. 사탄은 마귀의 다른 호칭으로 그를 추종하며 함께 타락한 천사들은 마귀의 졸개로 더러운 영, 악한 영으로 불리며, 이들도 계급을 갖고 조직화되어 있습니다. 한글 성경에서 귀신으로 번역되어 있는데 한국 사람에게 있어 귀신은 죽은 자의 넋으로 보고 있기에 새겨서 보아야 합니다.

마귀는 '훼방자' 라는 뜻이 있고, 사탄은 '대적자' 라는 뜻이 있습니다. 마귀의 또 다른 별칭은 옛 뱀, 큰 용, 귀신의 왕, 바알세불, 벨리알로도 불립니다.

마귀의 정체는 거짓의 아버지로 사람들을 속여 세상의 왕으로, 세상의 신(神)으로 군림하여 하나님의 영광을 도적질하고, 결국에는 하나님께서 형벌 장소로 만들어 놓은 지옥으로 잡혀가게 되어 있습니다. 마귀는 지옥으로 가면서 사람을 타락시켜 자신을 좇는 사람들과 함께 가고자 합니다.

마귀는 사람으로 하여금 하나님께 나아가지 못하도록 모든 방법을 동원하여 막고 있습니다. 사람이 생명을 얻고 살아가도록 성경이 제시하고 있는 방법은 예수님을 믿고 하나님을 섬기는 것이지만, 인간 세상에서 추구하는 모든 가치와 삶의 방법은 마귀의 차원 높은 계략으로 끝내 사람을 지옥으로 이끌고 갑니다.

마귀는 때로 공격적인 형태로도 나타나지만 오히려 광명의 천사로 둔갑하여 거짓으로 꾸민 선(善)한 모습으로 사람들을 유혹하여 하나님께로 향한 길에서 벗어나게 합니다.

마귀의 유혹은 거짓을 진리처럼 가장하여 그것에 빠지게 합니다. 진리는 하나이나 거짓은 수없이 존재합니다. 거짓도 하나만 있다면 그 둘을 비교하여 더 많은 사람이 진리를 따를 것입니다.

그러나 수많은 거짓은 하나님이 제시한 진리를 가리는데, 이것은 마귀의 사악한 술책입니다. 재물, 철학, 음악, 지혜, 미술, 스포츠, 섹스, 지식, 건강, 다양한 종교, 취미, 영화, 명예, 예술, 권력, 하이테크, 유전자 가위 편집, 인터넷, AI 등의 온갖 가라지가 마치 인간의 삶을 보장하여 멋지고 윤택하게 해줄 것이라고 유혹하여 하나님을 만나지 못하도록 합니다.

인간의 육체적 한계는 아침볕에 스러지는 이슬같이 찾아오게 되어 있습니다. 예로부터 어느 영웅호걸이 세계를 장악하고 모든 것을 좌지우지하면서 지금까지 살아있단 말입니까? 누구에게나 예외 없이 죽음은 찾아오기 마련이고, 죽음이 이르면 재물, 권세, 명예는 한낱 흩어지는 연기처럼 날아가 버립니다. 세상에 살면서 하나님을 믿지 않고 마귀의 뜻을 따르면 마귀와 함께 지옥의 형벌을 피할 수 없습니다.

동서양 어느 종교나 학문, 예부터 기록된 글들 속에서 마귀의 정체를 알리고 경각심을 가르치는 것이 없습니다. 오직 성경만이 사람에게 마귀의 속성을 적나라하게 밝혀주어 마귀에게서 벗어나는 길을 제시하고 있습니다.

성경은 두 종류의 사람을 말하고 있습니다. 하나님을 따르는 하나님의 자녀와 마귀를 따르는 마귀의 자녀가 있습니다. 여러분은 어느 편에 서겠습니까?

07

사람을 사랑하시는 하나님

보통 아버지들은 자신의 아이에게 애정을 갖고 기쁘게 키우는 것을 당연하다고 생각합니다. 아이에게서 자신의 모습이나 성격을 닮은 부분이 있기에 성장하기까지 최선을 다해 돌봅니다. 아니 자기가 낳았기에 낳은 책임을 지려 합니다.

온 우주 만물을 창조하신 하나님은 사람을 자신의 형상을 따라 다른 피조물과 다른 독특한 존재로 만드셨습니다. 사람은 모든 피조물 중에 유일하게 하나님의 형상을 가지고 있어 다른 어느 것보다 애정을 가지고 계십니다. 비록 사람이 선악을 알게 하는 열매를 먹고 죄를 지어 사망과 지옥에 이르렀지만 하나님께서는 사람을 외면할 수 없으십니다. 그래서 사람이 죄를 용서받아 다시 의인(義人)으로 회복할 길을 만들어 주셨습니다. 그 회복의 비밀이 인류의 구원자로 보내신 예수 그리스도에게 있습니다. 이는 사람을 만든 책임을 다하는 하나님의 사랑입니다.

2천 년 전에 이스라엘에 태어난 예수님은 인류의 죄 값을 십자가에서 죽음으로 해결하셨고, 그 사실을 받아들이고 믿는 자에게 하나님께서는 영원히 죽지 않는 생명을 주시고, 지옥에서 천국으로 인도하십니다.

인류의 대표였던 아담, 한 사람의 죄로 인해 모든 사람이 죄 가운데 태어나 하나님의 형벌을 피할 수 없는 운명이었으나 하나님께서는 인류의 죄 문제를 해결하기 위해 죄지은 자는 반드시 죽어야 한다는 하나님의 공의에 따라 죄 없는 자의 피 값을 원하셨고, 죄가 없었던 예수님은 하나님의 뜻을 따라 십자가 형틀에 달려 피 흘려 죽으셨습니다. 피 값이란 곧 죽음을 의미합니다.

예수님이 달린 십자가는 그 당시 로마의 법에 따라 죄인을 사형시키는 형틀입니다. 가로와 세로로 두 기둥을 교차시킨 열십(十)자 모양의 형틀로 가로의 기둥에 양손을 벌려 쇠못으로 박고 세로 막대에는 두 발을 포개어 쇠못을 박아 땅 위에 세웁니다. 그 못 자리로 피가 계속 흐르며, 몸은 중력에 의해 밑으로 처지면서 점점 더해가는 고통 속에 길게는 하루를 넘기며 죽어가는 끔찍하고 잔인한 사형 틀입니다.

예수님께서 십자가에 달리시기 전에 머리에는 가시로 만든 관을 쓰셨고, 채찍으로 맞아 온 몸이 찢기어 이미 피를 많이 흘리셨습니다. 심판의 법정에서 형장 골고다까지 십자가를 지고 가다 쓰러져 다른 사람이 십자가를 대신 질만큼 몸이 쇠약해지신 예수님은 십자가에 달린 지 6시간 만에 죽으셨습니다.

사람이 누구든지 이 예수님을 믿으면 죄가 사하여지고 새로운 생명으로 태어납니다. 이는 두 번째 태어나는 것으로 거듭남(born again), 혹은 중생(重生)이라고 합니다. 사람은 어머니를 통해 육체적으로 한 번 태어났지만 예수님을 믿는 자는 영적으로 또 한 번 태어나며 하나님께서 아버지가 되어 주십니다. 아버지 하나님은 예수 믿는 사람을 자녀로 받아들이고, 아버지로서의 책임을 다하십니다. 육체의 생명을 다하고 천국에 들어갈 때까지 하나님의 자녀들을 보호하며 필요를 공급하고, 세상에서의 삶을 바르게 인도하십니다. 하나님은 성경을 통해 자녀들에게 말씀해 주시고, 자녀들은 아버지 하나님께 찬양과 기도를 함으로써 그 실질적인 교제의 소통이 이루어집니다.

여기서 우리는 사람을 찾아오는 절대자의 모습을 볼 수 있습니다. 타 종교는 사람이 인간의 문제와 죽음 후의 해결을 위해 절대자를 찾아갑니다. 그러나 기독교는 절대자인 하나님께서 사람을 찾아와 사람이 어떤 존재인지 알려주시고 사람의 문제와 사후의 일에 대한 답을 주십니다. 이는 아주 중요한 사실을 보여주는 것입니다.

인간은 불완전하지만 절대자는 완전하십니다. 불완전한 인간이 완전한 절대자를 찾아갈 수 있는 능력이 없기 때문에 인간 스스로가 죄 문제를 해결하는 것이 불가능합니다. 그러나 완전하신 절대자는 불완전한 인간을 위해 그들에게 충분히 이해할 방법을 완벽하게 준비하여 제시할 수 있습니다. 절대자가 보여준 방법을 받아들이고 따른다면 나의 정체성 및 인간의 모든 문제와 죽음 이후의 일까지 모두 답을 얻을 수 있습니다. 이것이 기독교가 절대자를 찾아가는 타 종교와는 다른 큰 차이입니다.

제 2 부 _ 하나님의 사랑의 선물

01

세상에 오신 예수님

예수님은 지금으로부터 약 2천 년 전 이스라엘 땅, 베들레헴이라는 곳에 태어났습니다. 하나님께서 인류를 구원할 메시아를 보내겠다고 많은 대언자를 통해 말씀하셨던 약속대로 예수님을 보내셨습니다. 그 예수님은 하나님의 하나밖에 없는 아들, 독생자(獨生子)이십니다.

지상에서 지내신 30세까지의 삶은 거의 알려지지 않고 있습니다만, 목수 일을 하셨습니다. 탄생과 유아기, 그리고 12살의 예루살렘 성전 방문에 대해 기록한 내용과 하나님께서 주신 사명을 위한 공생애[6]를 시작으로 죽음, 부활, 승천에 대해서는 신 유언의 책, 마태복음[7], 마가복음, 누가복음, 요한복음, 4복음서에 잘 기록되어 있습니다.

---

6) 예수님이 공식적으로 나서서 사람들을 만나 가르치고 섬기는 사역을 한 공적인 시간을 말합니다.

7) 복음(福音): 예수님의 구원 사역으로, 사람에게 소망을 주고 영원한 생명 얻는 길을 알려주는 복된 소식 (Good News)을 말합니다.

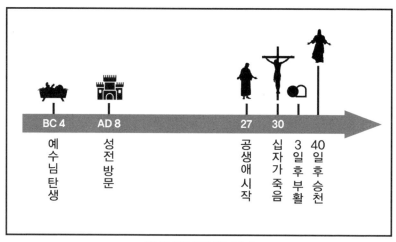

BC 4	AD 8		27	30		

예수님 탄생　성전 방문　공생애 시작　십자가 죽음　3일 후 부활　40일 후 승천

지상에서의 예수님

예수님은 약 3년 반 동안 하나님이 어떠한 분이시며, 하나님의 왕국 백성의 삶이 무엇이며, 또한 그 삶에서 누리는 은택으로 인간의 모든 문제를 해결할 수 있음을 가르치고 보여 주셨습니다.

그리고 이 땅에서의 생애 마지막에는 인간이 영원한 생명을 얻을 수 있는 구원을 이루시고자 십자가의 죽음을 기꺼이 받아들이고 죽으셨습니다. 그러나 하나님께서 3일 만에 살려내심으로 하나님의 권능과 예수님께서 인간의 구원자 되심을 증거하셨습니다. 부활하신 예수님은 약 40일 동안 세상에 머무셨다가 많은 사람들이 보는 앞에서 "다시 오겠다."는 약속을 하고 하늘 왕국[8]으로 올라가셨습니다.

---

8) 하늘 왕국은 하나님이 계신 곳 천국을 말합니다. 한글 성경에서는 '하늘 나라'로 말하고 있으나 영어 성경은 '나라'라는 말보다 '왕국'이라는 표현을 사용하여 '하늘 왕국'이라 합니다. 이는 나라의 주권이 백성에게 있지 않고 왕 되신 하나님의 주권 아래 있음을 말하는 것입니다. 그래서 영어권 나라의 교회들은 '하나님 나라'도 '하나님 왕국'이라 사용합니다.

하늘에 오르신 예수님은 약속하신 대로 믿음으로 구원받은 사람들을 위해 하늘에 처소를 준비하신 후 다시 세상에 오셔서 영원한 하늘 왕국으로 데려가실 것입니다. 지금은 하나님의 오른 편에 계시며 믿는 사람들의 연약함을 위해 기도하고 계십니다.

02

예수님의 성품

예수님은 두 가지의 성품을 가지고 계십니다. 하나는 인(人)적 성품이고, 하나는 신(神)[9]적 성품입니다. 다시 말해 예수님은 완전한 사람이며, 완전한 하나님이십니다. 그 이유는 하나님과 사람 사이의 중재자로서 자격을 갖추기 위해서입니다. 하나님의 온전하심을 완전히 알아야 할뿐더러 인간의 모든 연약함 또한 완전히 이해해야, 사람의 범죄로 인해 하나님과 원수되어 분리된 둘 사이를 화해시키는 중재자의 역할을 감당할 수 있기 때문입니다.

예수님은 하나님의 유일한 아들이십니다. 그 예수님은 남자를 모르는 처녀의 몸을 빌어 성령을 통해 잉태되어 사람의 몸을 입고 세상에

---

9) 한국 사람에게 있어 모든 신에게 사용하는 신(神) 자는 귀신, 악신(惡神)을 가리킵니다. 그래서 하나님께 사용하는 것은 적당하지 않습니다. 한문을 사용하는 중국도 악신(惡神)에게는 사용하여도 선(善) 신에게는 상제(上帝)라는 좋은 표현으로 구별하나 한국인에게 있어 구별 없이 사용하고 있고, 기독교 안에서도 하나님께 사용이 굳어져 있어 이해를 돕기 위해 어쩔 수 없이 사용했습니다.

오셨습니다. 이는 일반적인 남녀의 결합으로 태어나는 것과 달리 초자연적인 방법으로 죄가 없이 세상에 오신 것입니다. 그러나 아담 이후로 육체의 결합으로 태어나는 모든 사람은 죄가 전가되어 죄를 갖고 세상에 옵니다. 죄가 없어야 죄 아래 있는 사람들을 구원할 수 있기에 예수님은 초자연적인 방법으로 죄 없이 태어나야만 하셨습니다.

예수님은 하나님만 하실 수 있는 권능을 행하여 하나님의 아들이심을 보여 주셨습니다. 물로 포도주를 만드셨고, 빵 다섯 개와 물고기 두 마리로 5천 명이 넘는 사람을 먹이고도 열두 바구니가 남게 하셨습니다. 사나운 풍랑 속에 배에 타고 있던 제자들을 구하기 위해 바다 위를 걸어오셔서 바람과 바다를 "잠잠하라." 명하여 잔잔케 하셨습니다. 밤새 수고했지만 한 마리도 못 잡은 어부에게 "깊은 곳에 가서 그물을 내리라."하여 두 배에 가득하게 물고기를 잡게 하셨습니다. 예수님께 나아온 눈먼 자, 벙어리, 마비 병자, 불결한 영에 사로잡힌 자, 나병환자 등등 수많은 병자를 모두 고치셨을 뿐 아니라 죽은 지 4일이 지나 썩어 냄새 나던 사람도 살리셨습니다.

그리고 예수님은 보통 사람들과 같이 육체를 입고 유아기, 소년기, 청소년기를 지나 성인이 되셨고 하나님께서 세상에 보낸 목적대로 사셨습니다.

공생애 전에는 목수 일을 하셨고, 육신의 절실한 배고픔과 목마름도 체험하셨으며, 고단한 몸으로 배 뒤편에서 주무시기도 하셨고, 사랑하는 사람의 주검 앞에서 눈물도 흘리셨습니다. "공중의 새도 깃들 곳이 있고, 여우도 굴이 있으나 사람의 아들은 머리 둘 곳이 없다."한 말씀에서 사람의 삶에 최소한의 필요에 대한 간절함도 경험하셨음을 알 수 있습니다. 그 예수님은 십자가에 오르면서 입었던 옷마저 빼앗겨 세상에 남긴 것이 없으십니다.

사람의 모습을 가장 잘 보여주신 것은 십자가에 못 박혀 달려 죽고 장사되신 것입니다. 머리는 가시관으로 찔리고, 채찍으로 온몸이 찢기셨습니다. 그 몸으로 십자가에 달려 피를 흘리는 극한 고통 속에 "엘리 엘리 라마사박다니"(나의 하나님 나의 하나님! 어찌하여 나를 버리시나이까?)라 외치고 죽으셨습니다. 죽은 예수님을 로마 병사가 창으로 예수님의 옆구리를 찌르자 물과 피가 쏟아졌습니다. 아리마대 사람 요셉과 니고데모가 죽음이 확인된 예수님을 받아 돌무덤에 장사 지냈습니다. 삼일 낮과 삼일 밤이 지난 후 예수님은 부활하셨습니다. 그 예수님은 제자였던 도마에게 나타나 못과 창에 찔렸던 손과 옆구리를 확실하게 보여주셨고, 제자들과 함께 물고기와 빵을 구워 드셨습니다.

예수님은 완전한 사람이며 완전한 하나님이십니다. 이것은 인간의 이성으로는 이해할 수 없는 신비의 영역이지만 예수님을 믿는 자에게는 거부감 없이 받아들여집니다. 책을 전체 읽어 가면서 더 이해를 넓힐 수 있습니다.

03

예수님의 일하심

하나님께서 예수님을 보내기 전 이스라엘을 택하여 그들을 이끄실 때 세 가지 직분을 통해 일 하셨습니다.

하나님의 뜻을 전하는 대언자(代言者)를 세웠습니다. 흔히 예언자 혹은 선지자라 말하기도 하지만, 대언자가 더 정확한 의미를 갖고 있습니다. 대언자들은 하나님의 말씀을 대신해 전하는 자로서 하나님께 받은 말씀을 사람들에게 가감 없이 전하는 메신저였습니다. 구 유언을 보면 많은 대언자들이 시대마다 하나님께 부름받아 왕과 백성들에게 하나님의 말씀을 선포하였습니다.

하나님은 제사장을 세웠습니다. 제사장은 백성의 죄를 용서받게 하기 위해 대신 양이나 염소 같은 짐승을 죽인 희생제물[10]과 함께 하나

---

10) 사람이 죄 값으로 죽어야 하지만 대신 죄 없는 짐승을 죽여 하나님께 드린 제물을 가리켜 희생제물이라 하였습니다. 예수님도 사람의 죄 값에 대한 희생제물이 되어 십자가에 죽으셨습니다.

님 앞에 나아갔고, 하나님과 사람을 중재하여 죄 문제를 해결하고 하나님과 화해하게 하였습니다.

그리고 하나님은 왕을 세웠습니다. 이스라엘 백성을 하나님의 뜻에 따라 생활하는 선민(選民)으로 살아가도록 이끌 책임을 왕에게 맡겼습니다. 그러나 실체가 되시는 예수님께서 오신 이후로 더 이상 그림자였던 대언자, 제사장, 왕, 이 세 직분은 필요하지 않게 되었습니다.

하나님의 뜻을 가장 잘 알려주신 분이 예수님이요, 죄를 용서받고 하나님께 나갈 길을 여신 분도 예수님이요, 우리의 삶을 지도하고 주관하실 분도 만 왕의 왕이신 예수님입니다.

04

예수님의 가르치심

세계 성인이라 일컫는 공자, 붓다, 소크라테스를 비롯해 수많은 종교 창시자와 지도자들, 그리고 동서양의 사상가와 철학가들의 가르침이 인류에 선한 영향을 주기도 하였지만, 예수님께서 가르치신 내용이 인류에게 준 영향력은 비교할 수 없을 만큼 뛰어납니다.

예수님의 많은 가르침이 있지만 그중에서 "너희 원수를 사랑하며 너희를 미워하는 자들에게 선을 베풀고 너희를 저주하는 자들을 축복하며 앙심을 품고 너희를 핍박하는 자들을 위하여 기도하라."라는 말씀은 어느 종교나 어떤 위대한 인물도 주장하지 못한 내용으로, 예수님께서 사랑 그 자체이심을 보여주고 있습니다.

믿음의 사람들에게 원수와 미워하는 자들, 저주하는 자들, 그들에게 앙심을 품고 대하는 자들을 위해 사랑하고, 선을 베풀고, 축복하며, 기도하라는 예수님의 말씀은 참으로 보통 사람이 감당하기 어려운 아니 불가능에 가까운 명령입니다.

그러나 예수님은 가르친 말씀대로 사셨으며, 마지막 십자가 위에 달려서 극한 고통 가운데에서도 예수님을 향해 욕하고, 비웃고, 손가락질하고, 못 박은 자들을 위해 '아버지여! 저들을 용서해 주소서. 저들은 자기들이 무슨 일을 하는지 알지 못하나이다.' 라며 하나님께 간절한 기도를 하셨습니다.

예수님께서는 가르친 대로 행동으로 보여주셨기 때문에 설령 믿지 않는 사람들일지라도 예수님이 인류의 위대한 스승이라 존경하고 있습니다. 그러할진대 예수님을 믿고 따르는 사람들이야말로 그 가르침을 가슴에 담고 실천하며, 이에 힘쓰며 살아가지 않을 수 없는 것입니다.

계속해서 원수를 사랑하고, 선을 행하는 방법에 대해 구체적으로 말씀하신 내용을 살펴보겠습니다.

악에게 맞서지 말라. 누구든지 네 오른뺨을 치거든 다른 뺨도 돌려대며, 누가 너를 법에 고소하여 네 덧옷을 빼앗는 자에게 겉옷도 금하지 마라. 또 누구든지 너로 하여금 억지로 오 리를 가게 하거든 그와 함께 십 리를 가며, 네게 구하는 모든 자에게 주고, 네게 빌리고자 하는 자에게 등을 돌리지 말라. 네 물건을 빼앗는 자에게 다시 달라 하지 말며, 사람들이 너희에게 해 주기를 바라는 대로 너희도 그들에게 그와 같이 하라. 너희가 만일 너희를 사랑하는 자를 사랑하면 무슨 감사를 받겠느냐? 죄인들도 자기를 사랑하는 자들은 사랑하느니라. 너희가 만일 너희에게 선을 행하는 자들에게 선을 행하면 무슨 감사를 받겠느냐? 죄인들도 그와 같이 하느니라.

위의 직접 가르치신 내용을 한 마디로 말한다면 '사랑하라' 입니다. 인간 사이에서 수없이 일어나는 갈등에 대한 기본적인 해결 방법이 바로 사랑하라는 것입니다.

그 사랑을 삶에서 행동하는 자에게 하늘의 보상이 크다고 함께 말씀해 주셨고, 사랑을 실천하는 자는 하나님의 자녀가 된다고 하셨습니다.

너희가 만일 받기를 바라고 사람들에게 빌려주면 무슨 감사의 말을 듣겠느냐? 죄인들도 준만큼 받고자 하여 죄인들에게 빌려주느니라. 오직 너희가 너희 원수들을 사랑하고 선을 행하며 아무것도 바라지 말고 빌려주라. 그리하면 너희 보상이 클 것이요, 또 너희가 가장 높으신 이의 자녀가 되리니 이는 그분께서 감사하지 아니하는 자와 악한 자에게 인자하시기 때문이니라.

용서하면 너희가 용서를 받을 것이요, 주면 너희에게 줄 것이니 곧 후히 되어 누르고 흔들고 넘치게 하여 사람들이 너희 품에 안겨 주리라.

그리고 사랑하지 못하고 움츠리는 자에게 경고의 말씀도 덧붙이셨습니다.

너희 아버지께서 긍휼을 베푸시는 것 같이 너희도 긍휼을 베풀라. 판
단하지 말라. 그리하면 너희 판단을 받지 아니할 것이요, 이는 너희가
헤아리는 그 헤아림으로 너희가 도로 헤아림을 받을 것임이라.

이외에도 예수님의 많은 가르침이 신 유언 4복음서에 잘 나와 있습
니다. 원수를 사랑하는 자세를 가지고 행동에 옮기는 믿음의 사람들은
나머지 가르침에도 적극적으로 생활에 적용하며 살아가고 있습니다.

05

예수님을 부르는 다른 말들

예수님에 대한 호칭에는 사람들이 부르는 호칭이 있고, 예수님께서 직접 자신이 누구인지 가르쳐 주신 호칭이 있습니다.

그런 호칭을 통해 예수님은 어떠한 분이며 믿는 사람이 어떠한 자세로 신앙의 삶을 살아야 하는지 알 수 있습니다.

✚ **예수** _ 예수님이 태어나기 전 하나님께서 천사를 보내어 그분을 부를 이름이 "예수"라 가르쳐 주시며 "그가 자기 백성을 그 죄들에서 구원할 것이다."라고 말씀하셨습니다.

✚ **그리스도** _ '기름 부음 받은 자' 라는 뜻으로, 이스라엘에서는 왕에게 기름을 부어 세웁니다. 이스라엘 언어인 히브리어로 '메시야'를 말하며, 우리말로는 '구원자'(savior)가 정확한 뜻입니다. 흔히 '구세주' 또는 줄여서 '구주'라고도 하며 '세상을 구원하는 주님'이라는 의미로도 쓰고 있습니다.

✚ **주님** _ 주인님의 줄임말로 예수님을 믿는 자들이 스스로를 종으로 낮추며 예수님을 주인으로 높여 부르는 말입니다.

✚ **왕** _ 하늘과 땅의 모든 것, 보이는 것과 보이지 않는 것 등 모든 피조물이 예수님을 통해, 예수님을 위해 창조되어 예수님의 통제 아래 있으며 사람은 예수님의 권위 아래에서 가르침을 받고 따라야 합니다.

✚ **임마누엘** _ 사람들이 부를 이름으로 우리와 함께 계시는 하나님이라는 뜻입니다.

✚ **하나님의 아들** _ 이스라엘 사람들에게 있어서 하나님의 아들이라는 말은 하나님과 동등함을 의미하여 하나님이시라는 것을 말합니다.

✚ **사람의 아들** _ 예수님이 자신을 말씀하실 때 많이 사용한 말로 한글 성경에서는 한자로 인자(人子)라는 번역을 썼는데 육체를 가진 사람이라는 뜻입니다.

✚ **말씀** _ 예수님의 제자 요한이 예수님을 '말씀' 이라고 사용하였습니다. 이는 예수님이 하나님의 뜻과 감추인 지혜를 알게 해주시기 때문입니다.

✚ **나사렛 예수** _ 구 유언의 대언서에 '메시아가 비천한 신분의 사람으로 평가받을 것' 이라 기록된 것 같이 예수님이 자라서 공생애 전까지 거주한 곳이 나사렛이었습니다. 당시 나사렛은 지금의 달동네나 슬럼가처럼 천대받던 지역으로 가난한 천민들이 살던 곳입니다. 그래서 나사렛 예

수라는 의미는 연약하고 비천한 사람들을 위로하고 그들을 도와 세우시는 예수님을 말합니다.

✚ **목자** _ 예수님은 스스로 '나는 양의 목자' 라 하셨습니다. 양이라는 짐승은 목자 없이 살 수 없는 연약한 동물로 목자의 수고로 양식과 물을 공급받고 악한 맹수로부터 보호를 받으며, 독풀이나 오염된 물을 스스로 구별 못해 목자가 미리 챙겨 양을 안전하게 지켜야 합니다. 예수님이 목자라함은 예수님을 따르는 자들을 양처럼 보살피신다는 것입니다.

✚ **포도나무** _ 가지가 열매를 맺으려면 포도나무에 붙어 있어야 합니다. 예수님이 포도나무라 하신 것은 그분과 가지가 되는 믿는 자들의 관계는 끊어질 수 없고, 가지가 물과 영양분의 공급 없이는 열매를 맺을 수 없는 것처럼, 계속적인 관계로 인하여 열매, 곧 사랑의 열매를 풍성히 맺을 수 있다는 것입니다.

✚ **생명의 빵** _ 한국인의 주식이 밥인 것처럼, 당시 이스라엘의 주식이 빵이었습니다. 사람이 육체의 생명을 유지하기 위해 꼭 필요한 끼니를 거를 수 없는 것처럼, 신앙인의 믿음 생활도 말씀과 기도로 예수님과의 교제를 통해 영적 생명이 유지될 수 있음을 말합니다. 한글 성경에서는 빵을 떡으로 번역하고 있습니다.

✚ **성전과 교회** _ 교회를 가리켜 그리스도의 몸이라 합니다. 몸에는 각기 기능을 가진 여러 지체가 모여 한 몸을 이루는 것처럼 성도 한 사람 한

사람을 지체라 하고 그 지체들이 모여 교회를 이룹니다. 그러므로 성도들의 모임이 곧 교회요, 교회는 곧 예수님의 몸이요, 하나님이 거하시는 성전(聖殿)이 됩니다. 구 유언에서는 건물을 지어 하나님의 성전이라 하였으나 예수님이 오신 이후로는 더 이상 건물은 성전이 아니라 예배하는 곳으로 예배당, 혹은 교회당이라 합니다.

06

예수님은 인류를 구원한 어린양

아담의 범죄로 모든 사람이 죄 가운데 태어나 죄인이 되었고, 그 결말은 지옥의 형벌을 피할 수 없는 존재가 되었습니다. 그리하여 하나님께서는 예수님을 보내시어 사람들이 죄를 용서 받아 천국으로 들어갈 수 있는 길을 열으셨습니다.

하나님께서 보내어 세상에 오신 예수님은 하나님이 보내신 목적에 따라 탄생부터 십자가 위에서 죽고, 삼일 후 부활하사 하늘로 오르기까지 완벽한 삶을 사셨습니다. 사람이 하나님의 뜻을 따라 어떻게 살아야 하는지 친히 본을 보여 주시고, 가르치셨으며 사람의 죄 값을 치르는 십자가의 죽음을 기꺼이 받아들이셨습니다.

하나님은 범죄에 대한 죄 값을 아담으로부터 요구하셨습니다. 그 죄 값은 처음 아담에게 경고 하신 "먹는 날엔 정녕 죽으리라." 내용처럼 '죽음' 입니다. 그러기에 죄를 지으면 당사자가 죽어야 합니다. 그러나 그를 대체하여 희생하는 다른 죽음이 있다면 당사자는 죽음을 면할 수 있습니다. 예수님이 오시기 전 하나님은 양이나 염소 같은 죄 없는 짐승의 피 값을 요구하셨습니다. 피 값이란 곧 죽음을 의미하며, 그 짐승을 죽여 피를 뿌리고 제물로 바치는 의식을 희생제사라 합니다. 사람의 죄를 위해 대신하여 죽는 짐승의 희생으로 인해 사람의 살 길을 모세를 통해 알려 주셨습니다.

그러나 예수님이 오신 이후 짐승으로 희생제물 드리는 일이 끝나고, 세상의 어린양[11]으로 오신 예수님께서 친히 십자가에서 죽으심으로 사람의 죄 값을 치르셨습니다.

하나님께서 사람의 죄 값을 대신할 죄 없는 자의 희생제물을 바라셨고, 그 뜻을 헤아린 예수님께서 하나님의 바라심대로 십자가에 올라 죽으셨습니다.

세상에 태어난 모든 사람은 죄인으로 모두 죽습니다. 하지만 예수님은 태어날 때부터 자연적인 방법이 아닌 초자연적인 성령의 잉태로 죄 없이 태어나셨고, 십자가에 오르기 전까지 하나님의 뜻에 따라 완벽하게 죄 없는 삶을 사셨습니다. 그래서 예수님의 십자가 죽음은 하나님께 본인의 죄를 인정하고, 죄를 용서 받아 살고자 하는 사람들의 죄 값을 치르기에 부족함이 없는 피를 뿌린 희생 제사였습니다.

---

11) 성경에서 말하는 세상은 단순히 지구의 펼쳐있는 국가들을 가리키기보다는 사회를 이루고 있는 사람들의 세계를 말합니다. 예수님이 '세상의 어린양' 이라 함은 세상 사람의 죄 값을 대신 치르는 희생제물이 되심을 말합니다.

비록 2천 년 전에 있었던 일이지만, 그때부터 현재는 물론 미래 지구의 종말까지 예수님의 죽음이 유효한 것은 하나님께서 예수님의 피를 인류의 죄 값으로 만족해하시고, 믿는 모든 사람들에게 영원한 생명을 주기로 정하셨기 때문입니다. 예수 그리스도의 보혈[12]의 가치는 사람이 아니라 하나님께서 평가하는 것입니다.

---

12) 보혈(寶血) : 예수님께서 십자가에서 죽어가며 흘리신 피가 사람의 죄 값을 지불하여 성도에게는 보배와 같다고 한 표현입니다.

07

구원은 하나님의 값 없이 주시는 사랑의 선물(1)

    세상의 모든 종교가 사람의 선행을 요구합니다. 선행이라는 기준을 넘어서야 사람이 바랄 수 있는 영원한 생명과 평안을 보장한다며 줄기차게 선행을 독려합니다. 그러나 그 '선행'은 기준점이 모호할 뿐 아니라 사람의 능력으로는 도저히 이룰 수 없는 높은 경지를 가리킵니다.

    그러나 하나님은 사람의 연약함이 거룩함에 이르지 못한다는 것을 잘 아십니다. 구 유언을 보면 예수님이 오시기 전 하나님께서 이스라엘에게 모세를 통해 지켜야 할 법(法)을 주셨습니다. 완벽한 선한 삶을 요구하신 겁니다. 그러나 법을 지킴으로 구원을 받을 수 있는 사람은 단 한 명도 없었고 오히려 모든 사람이 죄로 인해 멸망할 수밖에 없었습니다.

그래서 하나님은 사람이 선(善)한 행위로 구원받을 자가 없다는 것을 잘 알기에 예수님을 통해 믿음으로 살 길을 열어 주셨습니다. 죄가 있는 사람의 죄 값을 죄 없는 예수 그리스도께서 대신하여 죽어주심으로 지불하셨다는 사실을 믿고 받아들이라고 하셨습니다.

사람에 따라 이해되지 않는 조건이라며 거부할 수도 있으나, 마음으로 믿고 받아들이는 자에게 영원한 생명을 준다고 하신 것입니다.

다른 종교는 행위를 중요시하여 구원을 위해 어떠한 공로를 쌓아 상응하는 대가를 지불해야 한다고 요구하나, 기독교는 행위가 아닌 믿음을 통해 구원을 이루라고 합니다. 만일 하나님께서 사람들에게 구원에 상응하는 어떠한 행위를 원하신다면 힘 있고, 똑똑하고, 능력 있는 자들은 해낼 수 있을지 몰라도 장애가 있거나, 지혜가 부족한 자들은 불가능할 수 있습니다. 그렇게 되면 사람을 차별하게 되는 것으로 기독교도 타 종교와 다를 바 없습니다.

그러나 사랑의 하나님은 사람을 차별하지 않으시기에 어느 누구든지, 설사 곧 죽음을 눈앞에 두고 있는 사람일지라도 누구나 예수 그리스도를 믿음으로 그분을 마음에 받아들이느냐 아니냐 하는 결단에 따라 천국과 지옥으로 보내십니다.

구원에 이르는 것은 사람이 구원을 위해 어떠한 행위를 하는 것이 아니라 예수님을 마음으로 받아들이느냐 아니냐에 따른 '믿음'에 의한 것이기 때문에 하나님께서는 사람에게 죄 값에 대한 지불을 요구하지 않고 값 없이 은혜로 구원을 베푸시는 것입니다.

08

구원은 하나님의 값 없이 주시는 사랑의 선물(2)

예수님은 구원이 하나님의 선물이라고 말씀합니다. 마찬가지로 신유언에서 성경을 가장 많이 기록했던 바울도 구원을 선물이라고 했습니다. 선물이라는 표현은 사람이 가장 알아듣기 쉬우면서도 하나님의 사랑이 크다는 사실을 잘 보여주고 있습니다.

선물에 대한 내용을 풀어 봅시다. 선물은 줄 사람이 있고 받을 사람이 있습니다. 선물은 줄 사람이 받을 사람을 정해 100% 계획하고 준비합니다. 받을 사람이 줄 사람을 정하여 무엇을 받겠다고 요구하는 것도 아니며, 선물을 받겠다고 뭘 해줄까 하고 묻는 것도 아닙니다. 만일 받는 자가 수고를 하여 선물을 받았다면 선물이 아니라 대가인 것입니다. 그리고 선물을 받는 자가 받기 위해 하는 것이 있다면 단지

주는 자의 선의(善意)의 인격을 믿고 감사함으로 받으면 됩니다. 그래서 선물 받는 자는 선물을 위해 조금도 보탠 것이 없기에 내가 받아서 선물이 되었다고 자신의 받은 행위를 자랑할 수 없습니다.

구원이란 선물은 처음부터 끝까지 하나님께서 계획하고 준비하여 사람들에게 베푸신 것입니다. 죄 없는 예수 그리스도를 성령을 통해 세상에 보내셨고, 죄 없는 예수님을 사람의 죄 값으로 십자가에서 희생 제물로 받으셨습니다. 사람을 구원하고자 당신의 유일한 아들의 죽음을 견디셨습니다. 누구든지 자신이 죄인임을 고백하고 '자신의 죄 값을 하나님께 지불하기 위해 예수님이 죽어 주셨다.'는 사실을 마음으로 받아들여 믿는 자는 구원이란 선물을 받습니다. 그 선물은 믿는 자의 빚이 아닙니다. 빚이 아니기에 갚는 것이 아니고 다만 감사할 수 있습니다. 하나님이 베푸신 구원의 방법에 사람의 노력이 들어가거나 보탤 일은 아무것도 없습니다. 구원의 선물을 위해 사람이 한 것이 있다면 범죄뿐이고, 할 것은 사람마다 개인의 자유의지로 예수님을 믿기로 결심하는 것 뿐입니다. 그래서 예수님을 받아들였다는 그 믿음의 결단을 내세울 수 없고 오직 감사할 뿐입니다.

제 3 부 _ 구원받은 믿음의 사람들

01

구원받았음을 아는 믿음의 사람들

성경은 모든 사람이 죄인이며 그 형벌은 지옥이고, 그 죄와 형벌을 깨닫고 예수님을 믿으면 죄를 용서받고 구원받는다고 하는 것과 이를 구원받은 자는 알 수 있다 말하고 있습니다.

많은 그리스도인들이 구원의 확신을 가질 수 있는 이유는 예수 그리스도께서 십자가에서 흘리신 피가 어떻게 자신의 죄를 용서해 주는지를 구체적으로 알고 있기 때문입니다.

사람은 하나님 앞에서 3가지 문제를 가지고 있습니다. 과거의 문제는 죄를 지었다는 것이고, 현재의 문제는 죄인이라는 사실입니다. 그리고 미래의 문제는 심판을 피할 수 없다는 것입니다. 그 심판의 결과는 사망, 즉 영원토록 지옥에서 고통받아야 하는 것입니다.

이러한 인간의 문제에 대해 하나님께서 내놓은 해결책은, 다시 말해 인간의 구원을 위하여 제시하신 길은 다른 것이 아니라, 오직 예수 그리스도를 마음으로 받아들이는 믿음입니다.

세상에서 죄를 짓게 되면 피고는 양심에 죄책감을 갖고 죄를 시인하고, 검사가 피고인의 죄를 고발하여 죄가 인정되면 판사가 판결하여 형을 확정합니다.

피고, 검사, 판사 모두에게 죄가 인정되므로 죄인이 받아야 할 형벌을 피할 수 없습니다. 마찬가지로 하나님의 법정에서 사람은 모두 죄를 졌기에 검사 격인 사탄은 하나님께 그 죄를 고발하고, 모든 사람은 스스로 양심을 통해 죄책감을 갖고 죄를 시인하게 됩니다. 그러면 재판관 되시는 하나님은 죄 있음을 확인하고 형벌을 선언하십니다.

그러므로 사람은 자신과 사탄, 그리고 하나님께 죄를 숨기지 못하므로 결국 죄인이 되어 심판과 형벌을 받게 됩니다. 이러한 절망적인 인간에게 하나님은 예수 그리스도를 보내어 십자가에 죽게 하심으로써 죄의 문제를 해결하고 구원의 길을 열어 놓으셨습니다.

그래서 십자가 위에서 피 흘려 죽으신 예수 그리스도가 자신을 믿는 자를 정죄할 수 없다는 사실을 알고 믿는다면 구원받았음을 확신할 수 있습니다.

이제 구체적으로 예수 그리스도의 십자가 피의 희생이 어떠했는지 살펴보겠습니다.

먼저 우리는 하나님께서 예수님의 보혈로 사람의 죄 용서함을 이스라엘 백성의 이집트 탈출 사건(출애굽)을 통해 볼 수 있습니다. 이집트에서 노예 생활에 지친 이스라엘은 하나님께 구원해 달라고 부르짖었습니다. 그 소리를 듣고 하나님은 모세를 지도자로 세워 이집트로부터 이스라엘을 구원하여 지금의 이스라엘 지역, 가나안 땅으로 인도

하셨습니다. 이때 이집트 왕, 파라오(한글 성경은 바로)가 이스라엘 민족이 이집트를 떠나는 것을 거절하며 계속 그들을 억류하자 하나님은 열 가지 재앙을 이집트에 내리셨습니다. 그래도 파라오는 끝내 이스라엘 이 떠나는 것을 허락하지 않았습니다.

그리하여 하나님은 파라오의 항복을 끌어내고자 마지막으로 이집 트 지역에 사는 파라오의 왕가로부터 백성의 모든 가족의 첫 아들과 짐승 중에서도 첫 새끼를 죽이는 재앙을 모세를 통해 내리셨습니다. 그러나 이때 이집트 경내에 있던 이스라엘 백성에게는 그 피할 길을 알려주셨습니다. 양을 잡아 그 피를 집으로 들어가는 문틀 좌우와 위 쪽에 바르고 그 집에 들어가 있으면 살 수 있다 하셨습니다. 재앙의 날에 천사들은 검을 가지고 각 가정에 가서 양의 피가 칠해져 있는 집 은 넘어가고 피가 없는 집은 들어가 첫 아들과 짐승의 첫 새끼를 죽였 습니다.

여기서 피를 바른 곳은 안이 아니라 밖입니다. 이는 안에서 사람이 보기 위 한 것이 아니라 밖에서 하나님이 보시 기 위한 것입니다. 하나님의 명령에 따 라 문틀에 어린 양의 피를 바르면 살 수 있었고, 바르지 않으면 형벌을 피할 수 없었습니다.

예수 그리스도께서 비록 2천 년 전에 죽으심으로 피를 흘렸지만 그 것이 지금까지 그리고 앞으로도 효력이 있는 것은 어느 누구나 그리 스도의 피를 가슴으로 받아 가지고 있으면 하나님께서 보고 죄인을 향한 진노를 거두시기 때문입니다.

그리고 예수 그리스도의 피는 믿는 자의 양심을 죄에서 벗어나게 하는 능력이 있습니다. 이에 대해서는 예수님이 오시기 전 이스라엘 백성들이 죄를 용서받던 제사의식을 통해 볼 수 있습니다.

이스라엘 사람들의 죄를 용서받기 위해 대제사장은 성전에 들어갑니다. 성전 앞쪽 넓은 곳은 거룩하다는 성소(聖所)입니다. 안쪽은 휘장 (커튼)이 있는데 그 뒤는 하나님의 임재의 장소로 지극히 거룩하다는 지성소(至聖所)입니다. 그 지성소에 대제사장은 속죄일이 되면 1년에 한 번씩 들어가 백성의 죄를 용서받고 나옵니다.

이때 대제사장은 희생 제물로 죽은 짐승의 피를 7 번 뿌리고 휘장을 통과해 하나님께 나아갈 수 있습니다. 아무리 대제사장이라 할지라도 거룩하신 하나님께 그냥 나간다면 곧 죽게 됩니다. 그래서 죄의 대가로 대신 죽은 희생제물의 피를 뿌리고 하나님께 나아갈 수 있었습니다.

제사장이 하나님을 만나기 위해 휘장을 반드시 통과해야 하였습니다. 그러나 예수님께서 십자가에서 죽으실 때 성전의 휘장이 위에서 아래로 갈라지면서 성소와 지성소가 하나가 되었습니다. 이는 예수 그리스도의 몸을 상징하는 휘장, 곧 그리스도의 몸이 십자가 위에서 찢김으로 분리되어 있던 하나님과 사람 사이에 나아갈 길이 열린 것을 보여줍니다.

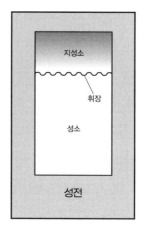

지성소

휘장

성소

성전

짐승을 잡아 피를 뿌리고 지성소의 하나님께 나아갈 수 있던 제사장처럼 사람이 예수님의 피를 믿으면 양심의 죄가 깨끗해져 하나님께 담대히 나갈 수 있게 됩니다.

또 성경은 예수님의 피로 인해 사탄이 사람을 정죄할 수 없다 말하고 있습니다.

세상 법에서 검사가 피의자를 다시 재소할 경우 3가지 이유가 있으면 할 수 있습니다. 첫째, 피고의 숨겨진 죄가 있을 경우입니다. 다시 말해 남아 있는 죄에 대해 재소할 수 있습니다. 둘째, 지은 죄에 대해 형량이 부족할 경우 재소할 수 있습니다. 셋째, 죄지은 당사자가 아닌 제삼자에게 적용하였을 때 재소할 수 있습니다.

예수 그리스도의 피는 인간의 모든 죄를 덮는데 부족하지 않기에 사람에게 남겨진 죄는 없습니다. 사람의 죄에 대한 형량으로 조물주 되시는 하나님[13]이 피조물에 의해 죽었는데 어찌 작다고 할 수 있겠습니까?

설명은 비유로 대신합니다. 사람이 개가 너무 좋아 개집에 들어가 함께 뒹굴며 같이 먹고 자면서 생활하다가 후에는 개에게 물려 죽었다 합시다. 얼마나 비참합니까? 그러나 피조물인 사람에게 죽임 당한 하나님의 아들이자 창조주 되시는 예수님께 이보다 더 비참한 일이 어디 있겠습니까? 또 사람이 만든 로봇이 사람을 죽였다면 어떻게 하겠습니까? 사람들이 용광로에 넣어버리지 않겠습니까? 그러나 예수님은 죽기 전에 자신을 십자가에 못 박은 사람들의 죄를 용서해 달라 하시고 죽음을 받아들이셨습니다.

예수 그리스도의 피는 특정인만을 위한 죽음이 아니라 마음 문을 열고 자신의 죄를 인정하고 내 죄를 위해 죽으신 예수님을 받아들이는 사람 누구에게나 은혜를 베푸신다 약속하고 있습니다.

그러기에 사탄은 예수님을 믿고 하나님을 섬기는 사람을 더 이상 사망으로 끌고 갈 수 없습니다.

예수님을 믿는 자의 태도는 변호사 되시는 예수님을 신뢰하면 됩니다. 법정에서도 피고인은 자신의 이름과 생년월일, 주소만 말하고 죄와 사건은 변호사가 맡아서 합니다. 마찬가지로 예수님을 믿는 자는 하나님께 "저들을 위해 내가 십자가 위에서 형벌을 당하지 않았습니까?"라고 변호하시는 예수님을 믿고 구원받는 것입니다.

---

13) 지금은 이해가 되지 않을 수도 있겠지만 예수님은 하나님의 아들로 천지창조를 함께 하신 조물주이십니다. 제2부 챕터 2. '예수님의 성품'도 참조하시고, 기독교의 하나님에 대한 설명이 뒤에 나오는 제4부 챕터 3. '예수 믿는 자를 위로하며 함께 하시는 성령님'에서 예수님에 대한 이해를 더 넓힐 수 있습니다.

02

그리스도인의 신분

육적인 관계에서 낳아준 아버지가 누구에게나 있습니다. 그 아버지는 사랑과 훈계로 자녀들을 키우고 돌봅니다. 이처럼 예수님을 통해 믿음의 사람들이 새로운 생명으로 태어나면 하나님께서는 아버지가 되어 주시며 사랑과 은혜로 영원히 보살피고 지켜 주십니다.

예수님을 믿는 이들은 하나님을 아버지라 부르고 그분의 자녀가 됩니다. 왕이 지배하는 나라에서 왕의 아들이나 딸로 태어났을 때 주어지는 권세보다 하나님의 왕국에서 태어난 사람들의 권세는 비교할 수 없을 만큼 큽니다. 마귀와 사망의 권세를 이기고, 영원한 생명을 소유한 채 천국을 상속받게 됩니다.

그리스도인을 여러 언어로 표현하고 있습니다. 예수님을 믿는 사람을 그리스도인(영어 Christian의 우리말 표현), 기독교인(基督敎人), 성도(聖徒), 신자(信者), 신도(信徒), 교인(敎人), 교우(敎友)라 부릅니다.

하나님의 자녀인 그리스도인을 천국 시민권자라 합니다. 신 유언 성경이 기록될 당시 로마는 세계를 지배하고 있었고, 로마 시민권자는 로마가 지배하는 어디에서나 그들의 안전과 자유가 보장되었고, 그 누구도 함부로 할 수 없었기에 모든 사람의 소망이었습니다. 지금의 미국 시민권보다도 더 큰 힘을 보장받았다고 할 수 있습니다. 그렇다면 천국 시민권자는 어떻겠습니까? 천국 시민권자는 하늘 왕국에서 제공하는 모든 혜택을 누리는 것은 물론, 하나님께서 영원한 생명과 평안으로 보호하고 지켜 주시는 것입니다.

그리스도인은 하나님의 백성입니다. 하나님은 왕국을 세우시고 왕으로서 그리스도인을 통치하시며 의(義)의 길로 이끄십니다.

그리스도인은 예수님의 친구라 하였습니다. 물론 주님으로 부를 때 낮추어 종으로 고백하지만 예수님은 친구로 대해주실 만큼 믿는 자들이 편하게 다가오길 바라십니다.

또 그리스도인을 그리스도의 신부라 하였습니다. 사람들 관계에서 부부보다 더 가까운 사이가 없습니다. 그리고 신부의 가장 큰 덕목은 순결입니다. 그리스도인은 예수님과 가장 가까운 관계이며 악(惡)에 대하여 언제나 멀리하여 성결함을 지키기 위해 노력합니다.

그리스도인의 모임인 교회는 하나님이 거하시는 집, 성전입니다. 교회는 건물을 말하는 것이 아니라 성도들의 모임을 가리킵니다. 그 교회를 가리켜 그리스도의 몸이라고도 합니다. 손과 발, 눈, 코, 입 등 여러 지체가 모여 하나의 몸을 이루는 것처럼, 믿는 사람 한 명 한 명을 지체라 하고 교회 전체를 예수님의 몸이라 하며, 예수님을 교회의 머리라 합니다. 교회는 머리 되신 예수님의 뜻을 따르는 몸입니다. 각 지체의 기능이 조화를 이룰 때 몸의 정상적인 활동이 가능한 것처럼, 교회는 여러 사람이 연합하여 서로 돕고 사랑하면서 예수님의 뜻을 온전하게 세워가는 유기체(有機體)입니다.

그리스도인은 예수님의 제자입니다. 제자는 스승의 가르침을 받고 따라가는 자입니다. 그리스도인은 예수님의 가르침을 받고 그 걸어가신 길을 따라갑니다.

하나님은 예수님을 믿는 자에게 현재 살고 있는 세상에서 환경을 주도하고 풍성한 삶을 살도록 하십니다. 그리고 영원한 생명과 영원한 안식을 보장하십니다. 그래서 기독교인들에게 처음 사람을 만드시고 에덴에서 주셨던 복을 천국에서 완전히 회복시켜 주십니다.

03

그리스도인의 책임

예수님을 믿고 영원한 생명을 받은 사람은 하나님의 은혜를 빚이라 하지 않습니다. 빚이라 아니하는 것은 하나님의 은혜가 너무 커 사람의 힘으로는 갚을 수 없기 때문이며, 하나님의 은혜(恩惠)가 값 없이 주어진 은혜 되기 위함입니다. 그러나 감사할 수 있습니다. 그 감사의 자세는 내적으로는 신앙을 키워가고 외적으로는 예수님을 믿지 않는 불신자들에게 예수님을 전하는 것입니다.

예수님을 통해 하나님의 자녀로 태어난 사람은 마치 어머니로부터 육체를 가지고 태어난 아기와도 같습니다. 모든 것이 어설프기에 하나씩 배워가면서 참다운 신앙인으로 자라가야 합니다. 교회의 예배와 모임참석, 성경공부, 성경읽기, 기도생활, 성도들과 교제를 나누고 내면을 다지면서 목표는 예수 그리스도의 온전하신 모습으로 커 가야 합니다. 그리고 육체의 생명이 다할 때까지 성숙한 그리스도인을 추구하며 거룩한 삶을 살기 위해 노력해야 합니다.

외적으로는 전도하는 삶을 살아야 합니다. 죽으면 지옥행으로 정해져 있다가 누군가의 전도로 복음을 통해 구원받아 새로운 생명으로 태어나니 얼마나 기쁩니까? 이에 대한 감사로 구원의 복음을 전하라는 예수님의 간곡한 부탁을 실천하는 것입니다. 하나님은 죄인을 구하기 위해 하나밖에 없는 아들, 독생자 예수님을 십자가의 희생에 기꺼이 내어 주시고 죄인이 회개하고 돌아오면 크게 기뻐하며 천국에서 잔치를 한다고 하셨습니다. 그렇기에 예수님의 복음을 알리는 전도는 하나님을 가장 기쁘시게 해드리는 것으로 믿는 자가 나타낼 수 있는 가장 큰 감사의 표현입니다.

가까이는 가족과 친구로부터 멀리는 복음이 전해지지 않은 나라에 이르기까지 자신이 처한 환경과 능력에 따라 직접 전하거나 또는 복음전도자를 도움으로써 예수 그리스도를 전하는 삶을 살아갑니다.

내적으로 자신의 신앙을 성장시키고, 외적으로는 구원의 복음을 만방에 전하는 것은 기독교인의 의무이자 특권입니다.

제4부_ 성경이 주는 풍성한 삶

01

성경이 주는 풍성한 삶

성경은 예수 그리스도에 대한 이야기로 가득 차 있습니다. 구 유언은 오실 예수님에 대하여, 신 유언은 인간의 구원자로 오신 예수님에 대하여 증거하고 있습니다. 예수님을 소재로 하여 '사람은 하나님께 어떻게 찬양을 드려야 하며, 하나님은 사람을 어떻게 사랑하시는가?'라는 주제를 담고 있습니다.

성경은 사람에게 필요한 삶의 지혜가 가득한 책입니다. 가장 큰 내용으로 인간 생사(生死)의 문제와 영원한 천국과 지옥의 형벌에 대한 분명한 제시와 그에 대한 해결의 열쇠가 예수 그리스도께 있음에 대해서 지금까지 살펴보았습니다.

그뿐 아니라 성경은 사람의 영과 혼, 마음과 생각을 적나라하게 드러내는 바른 교훈으로 올바른 삶을 살도록 이끌어 줍니다. 올바른 삶은 평안하고 풍성한 생활을 누리게 하며, 삶의 목표가 분명하기에 늘 생활의 활기를 잃지 않게 합니다.

그러므로 그리스도인들은 하나님의 말씀을 읽고, 공부하며 깊이 되새김하는 묵상도 하고, 좋은 내용은 암기하여 늘 생활의 지혜를 마르지 않는 샘처럼 길어 올리며 살고 있습니다.

　　성경에는 수많은 사람들이 등장합니다. 그들이 처한 시대적 배경과 개인의 형편에는 많은 차이가 있으나, 모두 하나님을 어떻게 섬기고 어떻게 믿음을 지켰는지 보여줍니다. 또한 반대로 하나님을 멀리 떠나 악한 생활로 삶을 마친 사람들도 보여줍니다. 각기 다른 사람들의 다양한 모습을 통해 현시대를 살아가는 사람들에게 전해지는 의미가 크며 유익을 얻습니다. 그래서 어느 누구나 어떠한 문제라도 성경에서 답을 찾을 수 있습니다. 성경을 읽으면 세상살이의 고달픈 이유와 난해한 문제의 해결책을 알 수 있고, 또 개인의 삶의 올바른 방향이나 인간 세상의 정의와 평화에 대한 바른 길을 얻을 수 있습니다.

　　아직 하나님을 믿지 않고 경배하지 않는 사람이라 할지라도 성경을 읽는 유익은 그 어떤 유명한 고전 책을 읽는 것보다 더 큽니다.

02

하나님의 도움을 받는 기도

기독교인은 성경을 통해 하나님의 말씀을 듣습니다. 성경을 읽고, 예배를 통해 설교를 듣고, 성경공부를 통해 하나님의 뜻을 전달받습니다. 그리고 기도를 통해 하나님께 자신의 생각을 말씀드림으로 상호 교제가 이루어집니다. 신과 사람 사이에 교통이 없는 다른 종교와는 달리 기독교인 개개인은 하나님과 인격적인 나눔을 갖습니다.

기도는 하나님의 자녀들이 하나님의 영광을 위해 하나님의 뜻을 구하는 것입니다. 사람이 하나님의 뜻에 맞는 삶을 살아가고자 하여도 무지하고 무능하여 때때로 감당할 수 없는 일들이 부닥쳐 옵니다. 이럴 때 전지전능한 하나님께 무릎을 꿇고 도움을 청하는 것입니다.

아이를 낳은 후, 못 먹이고 못 입힌다면 부모는 부끄럽습니다. 마찬가지로 하나님의 자녀가 풍성한 삶을 살지 못하면 하나님의 이름은 불명예스럽게 됩니다. 그러므로 하나님은 당신의 자녀가 기도하면 최

선의 것으로 응답하십니다. 그러나 기도하는 자가 명심할 것은 기도가 명령이나 지불 청구서가 아니라 아이가 아버지에게 부탁하듯 하나님의 은혜 사모함을 알리는 것입니다.

사람은 예수 그리스도 없이 하나님께 나아갈 수 없다고 앞에서 밝혔습니다. 그러므로 기도자가 예수 그리스도를 의지하여 하나님께 나아가고, 기도 마지막에도 '예수님의 이름으로, 예수 그리스도의 이름으로, 혹은 주님의 이름으로' 기도를 마칩니다.

기도에 대한 이해는 예수님이 잘 보여 주셨습니다. 예수님은 늘 기도하실 때 하나님을 '아버지'로 부르셨습니다. 그렇습니다. 기독교인은 하나님의 자녀이기에 기도할 때 하나님을 '아버지'로 부릅니다. 기도는 아버지와 자녀 간의 대화처럼 하면 됩니다.

아이가 아버지께 자신의 필요를 생각나는 대로 말합니다. 멋진 미사여구나 공문서처럼 형식적으로 말하길 바라는 아버지는 없습니다. 설사 아이가 제대로 표현을 못해도 아버지는 아이의 몸짓과 표정만 보아도 무슨 말을 하려는지 알듯이 하나님도 그저 우리가 하나님을 아버지로 믿고 말하려는 그 모습만 보아도 기뻐하십니다.

아버지는 아이의 종이기 때문에 들어주는 것이 아닙니다. 아이가 자신을 아버지로 인정하고 자기 말을 들어주리라 믿고 요청하기에 도와주듯이, 하나님도 구하는 자가 아버지의 권위를 인정하고 응답 주심을 믿고 나아올 때 도와주십니다.

아이가 친구들과 물놀이를 가게 되어 수영복을 사달라고 자신의 필요한 것만 이야기할지라도 아버지는 도시락과 간식은 물론 다른 것까지 더 챙겨주는 것처럼 하나님은 기도하는 자가 구하는 것 이상으로 응답해 주시는 분입니다.

아이가 부엌칼을 가지고 놀겠다고 할 때 그 위험성을 아는 아버지는 주지 않으나 아버지가 기뻐하는 독서를 위해 책을 사 달라 하면 100% 주듯이, 기도자가 자신의 욕심이 아닌 하나님이 기뻐하는 것을 구하면 받게 됩니다.

아이가 학비를 달라고 할 때 마감일이 당일 같으면 바로 줄 수도 있겠지만 며칠이 남아 미리 주면 잃어버릴 위험도 있고, 아이가 다른 곳에 사용할 수도 있기에 아버지의 방법과 때에 따라 학비를 주는 것처럼, 하나님은 가장 적절한 시기에 놀라운 방법으로 응답하십니다.

하나님이 기도에 응답하시는 방법은 직접 들려주거나 보여주시기도 합니다만, 이는 아주 극소수로, 대부분의 사람들은 평생 한 번도 직접적인 경험을 갖지 않습니다. 그러나 기도자가 충분히 이해할 수 있는 여러 방법으로 답해 주십니다. 꿈으로나, 성경을 읽거나, 설교 말씀을 듣거나, 성경을 공부하다가 혹은 자연을 보면서, 주변 사람과 대화를 나누다가, 생활 가운데 일들이 여러 상황에 따라 진행되어가는 모습 등등으로, 기도자는 자신이 이해할 수 있는 가장 적당하고 다양한 방법으로 하나님의 응답을 받게 됩니다.

03

예수 믿는 자를 위로하며
함께 하는 성령님

성령은 하나님이십니다. 성경은 하나님이 세 분이라 말씀하고 있습니다. 성부(聖父) 아버지 하나님, 성자(聖子) 아들 하나님 곧 예수 그리스도, 그리고 성령(聖靈) 하나님이 계십니다. 또한 이 세 분이 곧 한 분이라고 말씀합니다. 인간의 지성으로는 이해되지 않아도 예수님을 믿고 구원받은 자는 의심하지 않고 믿게 됩니다.

세 분 하나님은 우주 만물을 창조하실 때부터 세상 종말 후 천국을 이룰 때까지 함께 일하십니다. 구 유언 성경에서는 아버지 하나님의 일하심이 돋보입니다. 성부 하나님은 인류의 시작과 종말에 대한 경륜과 인간 구원의 길을 계획하여 이끄십니다. 신 유언 성경에서는 성자 하나님이신 예수님께서 친히 몸을 희생하여 구원의 길을 열어주셨습니다. 그리고 부활 승천하신 후에는 성령 하나님께서 믿음의 사람들을 위하여 오셔서 일하고 계심을 잘 보여줍니다.

사람의 위로자로 오신 성령님은 하나님의 깊은 곳까지 통찰하시며 하나님의 뜻을 알고 믿음의 사람들에게 알립니다. 그러기에 성경 기록자들은 성령의 감동을 받아 성경을 기록하였습니다. 예수님을 믿고 받아들이는 것은 성령님의 일하심 없이는 불가능합니다. 믿는 자들에게 예수님이 하신 말씀을 기억나게 하고 그 말씀을 따라가도록 이끄시는 분은 성령님이십니다. 그리고 성령님은 성도가 연약하여 기도할 바를 알지 못할지라도 탄식 가운데 하나님께 친히 간구하여 주십니다.

　육체를 가지셨던 예수님은 시간과 공간의 제약이 있으셨지만 성령님께서는 시공간을 초월하여 동시다발적으로 일하십니다.

지구의 시작과 종말

　기독교는 지구의 역사를 지금으로부터 약 6천 년 전에 시작하였다고 보고 있습니다. 하나님이 하늘과 땅을 만드시고 아담을 만들어 에덴에 거하게 하여 지구의 역사를 시작하셨습니다. 하나님은 그분의 형상을 닮은 사람이 그분의 뜻을 따라 살면서 그분께 영광을 돌리는 아름다운 인간 사회를 보고자 하셨습니다. 그러나 아담은 하나님이 금하신 선악을 알게 하는 나무의 열매를 먹고 죄를 지어 에덴에서 쫓겨납니다. 하나님은 당신의 계획을 포기하지 않으시고 오래 참으시며 사람을 사랑으로 회복하여 당신의 뜻을 이루십니다. 그 결정체가 바로 지구 종말 이후에 이룰 천국입니다.

　에덴에서 쫓겨난 아담 이후의 후손들은 타락하였습니다. 만연한 죄악을 보면서 하나님께서는 인간 창조를 후회하셨고, 노아의 홍수라

불리는 첫 심판으로 하나님은 궁창 위의 물이 쏟아져 내리게 하고 육지의 샘을 분출시켜 온 세계를 물로 덮어 노아 가정과 배에 탄 짐승을 제외한 모든 생명체를 멸망시킵니다.(B.C 2348년경)

노아의 가정을 통해 다시 인류가 시작됩니다. 하나님께서 땅에 번성하고 충만하라 명하셨지만, 많은 후손이 늘어나면서 사람들은 흩어짐을 막고 인간의 위대한 이름을 알리고자 바벨이란 도시와 탑을 높이 쌓아 올리며 또 하나님을 대적합니다. 그래서 하나님은 언어를 혼잡케하는 심판을 내리셨습니다.(B.C 2280년경) 사람들이 서로 알아듣지 못하자 바벨탑의 건축은 중단되고 흩어지게 됩니다. 이후로 인류는 자신들의 언어를 가지고 오대양 육대주로 흩어져 민족과 국가를 이루면서 발전합니다.

노아 홍수 이후로도 인간의 죄악이 계속되자 하나님께서는 이스라엘 민족을 선택하여 모든 민족과 나라의 모범을 세워 온 인류를 죄에서 벗어나게 하고자 하셨습니다. 그러나 이스라엘은 그 사명을 잃어버렸고 범죄함으로 인해 결국 멸망하였습니다.

바벨탑 이후로 수많은 나라와 제국의 흥망성쇠 속에서 수렵, 농업시대를 거쳐 산업시대로 이어지면서 사람들의 생활이 윤택해졌습니다. 그리고 컴퓨터와 인터넷의 발달은 정보화 혁명으로 인류의 첨단 기술이 하루가 다르게 폭발적으로 늘어났지만 발전에 따른 인간의 타락으로 인한 범죄는 걷잡을 수 없을 만큼 악으로 뻗어가고 있습니다.

하나님께서 노아 때에 홍수로 세상을 벌하시고 물로 다시는 세상을 멸하지 않겠다는 언약의 증표로 무지개를 주셨습니다. 하나님은 무지

개를 통해 아름다움보다는 죄악엔 반드시 심판이 따른다는 사실을 상기시키기 위해 주신 것입니다.

또 하나님은 이스라엘 사해에 근접해 있던 타락한 도시, 소돔과 고모라를 심판하셨습니다.(B.C 1920년경) 하늘에서 유황과 불을 비처럼 부어 불바다로 멸하셨는데, 이는 지구의 종말 후 심판의 결과에 대한 본을 분명하게 보여주신 것입니다.

인간의 타락 중에서도 어느 부분이 더 하나님을 진노케하는지는 앞에서 말한 두 번의 멸망이 그 원인을 보여줍니다. 노아의 때나 소돔과 고모라는 하나님이 정해준 일남 일녀(一男一女)의 정상적인 결혼의 건전한 부부 생활 이외에 동성애를 비롯한 추악한 성적 관계, 특히 창조의 법칙을 거스르는 이종 간의 결합으로 변종(hybrid)을 만들어냈습니다. 노아 시대에 타락한 천사와 여자의 결합으로 네피림을 낳았습니다. 네피림은 거인으로 번역되는데 단순히 2m 내외의 크기보다 훨씬 더 큰 변종을 말합니다. 세계 곳곳에서 거인들의 유골이 출토되고 있습니다. 3~6m, 큰 것은 10m나 되는 뼈들이 발견되기도 합니다.

현대의 모습은 어떠합니까? 상상을 초월하는 난잡한 성적 타락은 물론, 동성애 결혼의 합법화가 전 세계로 확산되고 유전자를 쉽게 조작하여 다른 변종들을 만드는 기술이 날로 발달하는 시대입니다. 이는 결코 하나님의 무서운 진노를 피할 수 없게 합니다.

시대의 발전에 따라 더 큰 죄악의 나락으로 떨어지는 인류를 하나님은 어떻게 하실까요? 아직 지구의 마지막이 언제가 될지 모릅니다. 그러나 하나님은 이미 죄에 대한 심판을 보여주셨고, 분명하게 죄악이 난무하는 세상에 대하여 심판을 경고하셨기에 말씀대로 지구의 마지막은 유황불로 태워질 것입니다.

그 불타는 심판에서 벗어나 구원받으려면 하나님이 보내신 예수 그리스도를 구원자로 믿어야 합니다. 하나님이 시작한 지구의 종말은 하나님 손에 달려 있습니다. 하나님의 관심은 처음부터 끝까지 인간이 죄에서 벗어나 거룩함에 이르는 것입니다.

05

천국과 지옥

　지구의 마지막에 일어날 일들은 하나님에 대한 인간의 죄악이 극에 달하고 더 이상 믿음의 사람들을 찾기 힘들 때 예수님이 오시면서 시작됩니다.

　성경은 예수님이 오시는 시간에 대하여는 여러 징조들로 말씀하고 있으나 정확한 때는 하나님의 권한 속에 숨겨 있기에 사람으로서는 알 수 없습니다. 하지만 많은 기독교 학자들은 현재 살고 있는 시대가 말세(末世)라는 의견에 동의하고 있습니다.

　먼저 알면 도움이 되는 내용은 지옥의 위치입니다. 지옥은 지구의 심장부라 할 수 있는 땅 아래에 있습니다. 그 지옥과 큰 간격을 두고 낙원이 있었습니다. 처음 낙원은 구 유언의 성도들이 죽은 후 혼이 머물던 장소로 천국과 차이가 없는 곳으로 예수님께서 부활하시고 승천하실 때 그 위치가 천국(하늘)으로 옮겨졌습니다.

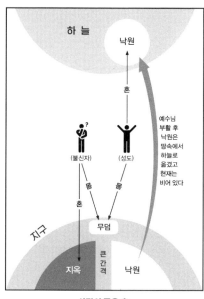

하 늘

낙원

혼

예수님
부활 후
낙원은
땅속에서
하늘로
옮겼고
현재는
비어 있다

(불신자)   (성도)

몸   몸

혼

무덤

지구

지옥   큰
간
격   낙원

사람이 죽은 후

예수님은 하늘로부터 천군 천사와 함께 나팔소리와 호령 속에 오시게 됩니다. 이때 죽어 무덤에 있던 성도들이 부활(첫째)하여 공중으로 들림 받고, 살아있는 성도들도 홀연히 영원히 죽지 않는 몸으로 변화되어 올라가는데 이를 휴거(携擧)라 합니다.

하늘에서 내려온 예수님과 땅에서 휴거된 성도들이 공중에서 만나면 먼저 그리스도의 심판석이 열리고, 이어서 성경의 표현으로 어린 양의 혼인잔치(예수님은 신랑, 그리스도인은 신부)가 열립니다. 그러나 지상에서는 휴거 받지 않은 사람들에게 창세 이래 가장 크고 혹독한 고통의 시간이 임하는데, 성경은 이를 대환란이라 합니다. 이때 이스라엘인과 믿음이 없어 휴거가 안 된 사람이 성경의 경고를 기억하여 사탄 숭배를 거부하고 신앙을 회복하면 마지막 구원의 기회가 됩니다.

대환란 기간은 7년입니다. 이 기간 동안 지상에서는 세계 전체를 단일 정부가 통치하면서 모든 매매가 통제되며, 노예생활보다 혹독한 고난이 있겠지만, 공중에서는 혼인 잔치가 있습니다. 7년이 지나면 예수님은 성도들과 땅으로 내려오십니다. 재림하신 예수님은 사탄을

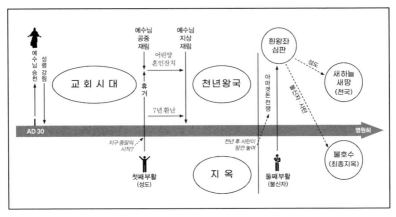

지구의 끝에 일어날 일

잡아 지옥에 천 년 동안 가두고, 천 년 동안 믿음의 사람들과 함께 지상에 남아 있던 사람들의 세상을 통치하십니다. 바로 천국으로 이어지지 않고 천년왕국이 있는 이유는 하나님께서 에덴에서 바라셨던 온전한 통치가 인간의 범죄로 무너졌으나 능력이 없어 못 막은 것이 아님을 천년왕국을 통해 보여주시는 것입니다.

천 년이 지나면 잠깐 사탄이 지옥에서 나와 불신자들을 끌어모아 아마겟돈 전쟁을 일으켜 하나님을 대적하지만 곧 붙잡혀 불 호수에 던져집니다. 그리고 지옥에 있던 불신자들도 부활(둘째)하여 흰 왕좌 앞에서 심판을 받고 불 호수의 형벌(둘째 사망)[14]에 처해져 사탄과 함께 있게 됩니다. 그리고 사탄과 불신자의 거처였던 지옥과 사망도 함께 불 호수에 던져집니다.

---

14) 불 호수에 던져지는 마지막 형벌을 둘째 사망이라 합니다. 그리고 첫째 사망은 사람의 육체적 죽음을 말합니다.

성경이 말하는 불 호수는 마지막 지옥의 다른 표현으로 그곳의 풍경은 불이 영원히 결코 꺼지지 않고 사탄과 그의 졸개 악한 영들과 예수님을 믿지 않는 불신자들이 불꽃으로 영원토록 고통받는 장소입니다. 그곳은 벌레도 죽지 않고 사람마다 불로써 소금으로 절이듯 한다고 성경은 말합니다.

사탄과 불신자들이 정리된 후에 현재의 땅과 하늘은 없어지고 천국인 새 하늘과 새 땅이 펼쳐집니다. 하나님과 함께 생명책에 그 이름이 기록된 구원받은 성도들은 눈물과 아픔과 고통과 사망이 없으며, 처음 것들이 모두 지나고 안식과 기쁨의 시간이 영원토록 이어집니다. 천국은 하나님과 어린양(예수님)으로부터 수정같이 맑은 생명수의 강이 흐르고 양옆으로는 열두 종류의 열매를 맺는 생명나무가 있습니다. 새 예루살렘15)은 사면으로 세 개씩 열두 진주 문이 있고, 온갖 보석으로 꾸며진 화려한 왕국으로 거리는 유리처럼 맑은 순금으로 포장되어 있습니다.

---

15) 이스라엘의 수도인 예루살렘은 다윗 왕 때부터 이스라엘의 구심점으로 하나님의 성전이 있었고, 하나님을 향한 특별한 지역으로 성지화되어 있습니다. 지구의 종말까지 기독교, 유대교, 이슬람교 등 세계가 가장 관심을 갖는 곳입니다. 후에 천국의 중심 성을 새 예루살렘이라 명명한 것을 볼 때, 성경에서 예루살렘의 상징성은 결코 작은 것이 아닙니다.

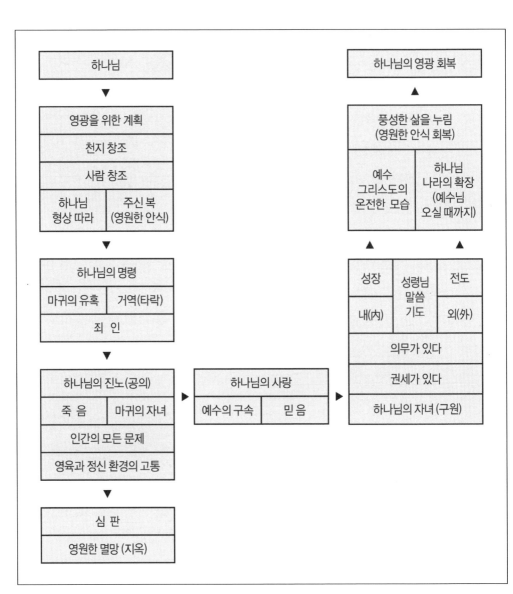

▲ 이 도표는 본 책 내용의 바탕이 된 성경공부 교재 '구원에 이르는 길'에서 전체적인 내용을 파악하기 위해 조감도로 사용했던 것으로, 지금까지 읽으신 책에 대한 정리에 도움이 되기를 바라는 마음에서 넣었습니다.

부록 – 용어해설 〉〉〉

1. 기독교 _ 예수 그리스도를 믿고 따르는 자들을 말합니다. 기독교인을 영어로 '크리스천(Christian)'이라고 하지만 우리나라에서는 보통 '그리스도인'으로 사용되고 있습니다. 그리스도인이라는 말의 의미는 그리스도(Christ)를 따르는 사람이라는 것입니다.

'기독'이라는 말은 영어의 'Christ'를 한자로 음역한 것입니다. 어떻습니까? 발음이 비슷한 부분이 있지요? '기(基)'자는 우리말의 '터'를 가리키고, '독(督)'은 우리말의 '맏아들'을 의미합니다. '터 기'는 잘 알고 있으시겠지만 '맏아들 독'은 '맏아들'이라는 뜻보다는 오히려 '감독하다'로 많이 사용되고 있습니다. 작은 옥편으로는 '맏아들'이라는 의미를 확인할 수 없고, 큰 옥편을 이용하면 확인할 수 있습니다. '기'자나 '독'자는 모두 예수님을 가리킵니다. 성경은 예수님께서 믿는 자의 터가 되시고, 믿는 자들은 하나님의 자녀가 되는데, 그 중에서 예수님은 바로 맏아들이 된다고 말합니다.

2. 교파, 이단 _ 하나님과 함께 생명책에 기록된 구원받은 기독교인들은 유일하신 하나님, 같은 성경을 바탕으로 신앙을 가지고 있습니다. 그러나 성경을 보면서 서로의 견해가 달라 여러 교파로 갈라져 있습니다.

주님의 가르침에 따라 침례를 주고 회중이 함께 교회를 관리·운영하고 있는 침례교가 있고, 장로들 중심으로 사역과 치리하는 장로교, 감독을 대표로 세워 교회를 치리하고 감독하는 감리교, 예수님 승천 후 오순절에 강림한 성령님의 역사를 강조하는 순복음교단, 교회의 성결을 목표로 하는 성결교, 주님만 내세우는 그리스도교, 세상을 구원하는 군대로 구세군, 교회의 연합은 하지만 교단 체제의 상하 종속을 거부하는 독립교회 등이 있습니다.

하나님은 결코 분리를 원하지 않습니다. 하지만 불완전한 인간들의 편향된 시각에 따라 성경의 특정 부분에 대하여 다른 해석으로 나뉘어져 있습니다. 그러나 기독교의 핵심인 하나님, 예수님, 성령님, 구원론, 지구의 멸망, 천국과 지옥, 성경에 대해 완전한 일치는 아니어도 비슷하게 받아들이고 있습니다.

그러나 기독교의 이단들이 있습니다. 자신들은 같은 하나님, 같은 성경을 사용한다 하면서도 성경 외의 책을 포함하기도 하고, 이상한 해석을 더해서 지켜야 할 선을 넘어 교주나 지도자 그룹만을 위해 사람들을 희생시켜 사리사욕을 취합니다. 이들은 결국 지옥 형벌을 피하지 못합니다.

대표적인 이단이라면 천주교, 통일교, 신천지, 안식교, 여호와 증인, 몰몬교, 전도관, 구원파 등등이 있습니다.

3. 예배, 모임 _ 기독교의 중요한 요소는 예배입니다. 하나님께 경배하는 시간으로 성도들이 모여 하나님께 찬양하고, 하나님의 말씀을 받고, 하나님께 기도하는 것은 사람이 할 수 있는 가장 가치 있는 실제입니다.

예배 외에 성도들의 신앙을 돕기 위해 교회는 기도회, 셀 모임, 성경공부, 세미나, 전도, 부흥회 등등 모임의 계획을 세워 진행합니다.

4. 찬송가 _ 하나님과 예수님께 영광을 돌리고 신앙을 돕는 내용을 교회의 예배나 모임에서 부르는 노래입니다. 찬송가 외에도 회중의 흥미를 이끌어 내고 쉽게 배워 부를 수 있는 대중적인 성격의 복음 성가, CCM (현대 기독교 음악) 도 많이 사용되고 있습니다.

5. 교회의 직분 _ 교회의 직분은 회사처럼 상하가 있는 것이 아니라 맡은 일의 다름을 말합니다. 하지만 한국인은 어려서부터 나이를 비롯해 학년 같은 것으로 위와 아래를 구분 짓는 일이 생활 가운데 배어있어 교회의 직분도 자연스럽게 상하로 생각하는 경향이 있습니다.

예수님은 제자들이 서로 누가 더 높으냐고 따질 때 "너희는 형제라." 하셨습니다. 서양인들은 형제간에 이름을 부르고 위아래를 가르지 않습니다. 그러나 한국인들에게 있어 형제도 형과 아우로 엄격히 구분하기 때문에 예수님의 말씀이 와 닿지 않을 것입니다.

교회는 교회의 원활한 활동을 위해 직무의 필요에 따라 직분을 세워 섬기게 하는 유기체입니다.

6. 헌금 _ 교회를 유지하고 운영하기 위해 경제적인 필요가 요구됩니다. 이를 위해 성도들이 예배할 때 모금합니다. 각자의 형편에 맞게 하나님께 감사함을 표합니다. 교회에 출석하면서 할 수도 있지만 신앙적으로 충분히 이해된 후 기쁨으로 하면 됩니다.

7. 아멘 _ 기도를 마칠 때나 성경을 다 읽고, 설교를 들을 때 화답하며 내는 소리로 '그렇습니다.' '확실합니다.' '맞습니다.' '믿습니다.' 라는 의미입니다.

8. 할렐루야 또는 알렐루야 _ '하나님을 찬양하라.' 는 뜻입니다.

9. 신학교 _ 교회에 하나님 말씀을 전하는 사역자, 보통은 목사가 되기 전 성경을 깊고 넓게 공부하는 대학 이상 수준의 학교입니다. 지금 시대에는 대부분의 교파가 목사의 자격을 신학을 공부한 사람에게 주고 있습니다. 그러나 예전에는 교회가 자체적으로 검증한 사람을 목사로 먼저 세우면 부족한 성경 지식을 위해 신학교에 갔습니다. 어떤 독립교회들은 지금도 그렇게 하고 있습니다.